LE DEMON DES SOLITAIRES

Du même auteur

Les Antipodes poèmes Gallimard 1976
L'imprévu de tout désir poèmes Gallimard 1990
Création poétique et poésie essai Pierre Bordas et fils 1990
L'Age du furieux essai Hatier 1994 (réédition La Différence 2006)
L'Héritage de la nuit roman La Différence 1995
Monsieur d'ailleurs roman La Différence 1996
L'ami d'Angelo roman Gallimard/Page blanche 1999
Le petit anarchiste roman La Différence 2001
Fragile paradis roman Berg International 2001
Au nom de la Pompadour roman (avec Jean-Paul Desprat) Flammarion 2001
Les lèvres de la Joconde roman (traduit en turc et en russe) L'Archipel 2003
La jeunesse de Molière roman (Folio Junior) Gallimard 2003
La Dame de Provins roman L'Archipel 2004
L'Etoile absinthe roman Verticales/Gallimard 2005
Un couple désespéré roman La Différence 2006
Cœur Citadelle poèmes La Différence 2008
La Folardie roman La Différence 2009
Le Ministère des ombres roman La Différence 2010
Un prince doit venir roman La Différence 2011
Le Locataire de nulle part poème La Différence 2013
Marat ne dort jamais roman La Différence 2014
Les roses noires de la Seine-et-Marne roman 2016
Gibier fantôme roman Z4 Editions 2018
L'assassin et son double roman Z4 Editions 2018
L'Oiseleur poèmes Z4 Editions 2018

ISBN : 978-2-490595-34-1

© Z4 Editions

Couverture :

Portraits croisés de Maurice et Eugénie de Guérin © Jacques Cauda

Le démon

Des solitaires

Pierre Lepère

A Catherine Smits

Enfantines

Le démon des solitaires

I

La gentilhommière du Cayla, près de Gaillac, au sud d'Albi, est une bâtisse de calcaire blanc, édifiée sur une colline à mi-pente, dans un berceau de chênes et de vignes, d'où émerge une tour massive, coiffée d'un bonnet pointu de tuiles rouges assombries par les siècles.

C'est là que Georges-Pierre-Maurice de Guérin vint au monde, le 4 août 1810. Il était le dernier des quatre enfants de Victoire Fontenilles et du baron Joseph, après Erembert, Eugénie et Marie. Un garçon l'avait précédé durant une poignée de jours en 1809 et lui-même, en cet été torride, apparut si chétif et si pâle que l'on crut qu'il ne survivrait pas.

Aussitôt qu'elle le vit, la petite Eugénie comprit du haut de ses cinq ans que ce frère-là serait sa destinée et qu'il lui serait lié à jamais comme « les deux yeux d'un même front ».

Le démon des solitaires

*

Victoire Fontenilles mourut le 2 avril 1819, à minuit. Eugénie qui la veillait depuis des heures s'était endormie de fatigue au pied du lit. Rouvrant les yeux, elle voit le prêtre, les cierges allumés, son père qui défaille. On l'emmène dans une autre pièce où on la laisse seule, séparée du corps de sa mère par un mur et, tandis que montent ses larmes, fragiles, blessantes et froides comme des éclats de verre, cette clôture aveugle lui semble annoncer ce que sera sa vie.

Elle avait été ces dernières semaines jalouse de Maurice qui occupait toute la place dans le cœur maternel. Mais à présent que leur mère n'était plus, elle se sentait plus que jamais responsable de lui.

Fardeau éphémère puisque, dès le mois de janvier suivant, leur père devait le conduire dans la charrette attelée de leur vieille jument au petit séminaire de l'Esquille, à Toulouse. Il allait y porter à dix ans la soutane comme on porte sa croix. Joseph en avait décidé ainsi, inquiet des lois nouvelles qui remettaient en cause le droit d'aînesse et réservant à son fils cadet le glorieux sacrifice du sacerdoce pour qu'Erembert, le premier né, puisse obtenir plus sûrement l'héritage.

Depuis qu'un ancêtre des propriétaires du Cayla était venu sous le règne d'Henri IV, épouser la dernière descendante des Lapeyre, la charge du domaine était chaque fois revenue à l'aîné, puisque labourer sa terre soi-même n'était pas déchoir. Il avait été convenu que l'héritier de cette charge ne pouvait s'adonner à aucun autre métier ou occupation noble. C'était donc toujours aux cadets qu'avaient été dévolues les fonctions de l'Eglise ou celles des armes qui procuraient la sainteté ou la gloire.

Ainsi, les Guérin pouvaient s'enorgueillir de compter dans leur généalogie plusieurs chevaliers de Malte et même un général évêque, l'un des vainqueurs de la bataille de Bouvines, qui, vers la fin de sa vie, était devenu le principal conseiller de la reine Blanche de Castille.

Le démon des solitaires

Pourtant, l'aïeul dont ils tiraient le plus de fierté, ayant presque tous hérités d'une âme de poète, était un certain Guarinus, fameux troubadour de la cour d'Adélaïde de Toulouse.

De vieilles chroniques les prétendaient d'origine vénitienne. Leur nom s'était d'ailleurs écrit « Guarini » jusqu'en 1553. D'autres les faisaient descendre d'illustres occupants anglais du temps de la Guerre de Cent Ans, les comtes de Salisbury.

La devise familiale, *Omni exceptione majores,* signifiait que toute exception doit être prise en compte et ils s'y conformaient avec une rigueur sans faille.

*

Eugénie avait toujours craint que Maurice ne succombe à ces tristesses moroses qui le laissaient désemparé, sans autre goût que pour le rien. Elle les avait trop connues elle-même depuis la mort de leur mère pour ne pas le mettre en garde contre le découragement et son terrible poids de glace. Mais il résista à la rudesse de la discipline et à la froidure des dortoirs. Ses maîtres reconnurent son intelligence et, ne doutant pas de sa foi, conseillèrent au baron Joseph de l'envoyer étudier à Paris.

Dans l'été 1824, avant de partir au collège Stanislas, Maurice se mit à composer pour Eugénie, en guise d'adieux, des petites odes fragiles comme des roseaux, ses premiers poèmes, qu'il lui chantait sur la terrasse, à l'ombre de son amandier, chéri depuis l'enfance. Il déployait déjà à quatorze ans une belle voix sombre dans laquelle se percevait l'écho du troubadour Guarini., leur aïeul.

Eugénie avait présenté ses propres poésies deux ans de suite aux Jeux Floraux de Toulouse mais les jurés l'avaient renvoyée sans ménagement à ses travaux d'aiguilles. Depuis cet échec, elle avait imaginé souvent dans son âme humiliée le dédaigneux persiflage de ces Messieurs : « Mlle de Guérin, vous êtes innocente du délit de poésie. Vos vers, dont nous vous remercions beaucoup, nous l'ont prouvé avec assez de faconde et d'abondance. De grâce, ne nous en jetez plus!» Peu à peu, l'ambition d'être admirée de son père l'avait quittée. Elle se contentait désormais de lui montrer le visage de la bonne fille qu'elle savait être à certains moments, comme ceux qu'elle passait dans l'immense cuisine obscure et basse telle un réfectoire de couvent. La cheminée blanche était d'une simplicité de chapelle romane. Elle y rangeait dans une faille de la pierre sa plume d'oie et son encrier. Au centre, la longue table était toujours généreusement ouverte. Près de l'évier, un carcel suspendu répandait une lumière fumeuse et une grosse horloge assénait les heures avec des carillons de transhumance.

Eugénie visitait les pauvres de la paroisse et, dans leurs derniers moments, les escortait sur la route du ciel avec des prières psalmodiées dans le latin des oiseaux.

Le soir, elle empruntait l'escalier de bois qui tournait dans la tour pour aller faire la lecture à son père dans la chambre entièrement tapissée de rouge.

Puis elle passait à côté, dans celle vide de Maurice, où l'élégante cheminée Louis XV surmontée d'un trumeau représentait une femme cousant à sa fenêtre, ce qu'elle faisait si souvent pour raccommoder l'absence.

Mais coudre, n'est-ce pas être poète autrement ? Jamais la poésie ne l'abandonnera. Et, même quand elle n'en écrira plus, elle appellera tendrement les espèces de bréviaires en toile cousue de ses propres mains où elle tenait son *Journal*, ses « petits cahiers de poésie ».

Le démon des solitaires

II

La lecture est une autre vie. Eugénie s'était créée une « légende dorée » placée sous le signe de Maurice et elle en peuplait les rayons de sa petite bibliothèque, au gré de ses modestes moyens : L'Augustin des *Confessions* qu'elle avait aimé grâce à lui. Grégoire de Nazianze. Bernard de Clairvaux. Et, surtout, Thérèse d'Avila dont la reproduction d'un portrait par le baron Gérard figurait en bonne place au Cayla.

Dans le domaine de la littérature profane contemporaine, Victor Hugo l'avait tout de suite impressionnée. Elle le trouvait divin et infernal, sage et fou, peuple et roi, homme et femme, peintre et poète, sculpteur aussi. Il était tout, il avait tout vu, tout fait, tout senti. Il l'étonnait, la repoussait et l'enchantait à la fois.

Sa « chambrette » donnait sur le vallon et elle pouvait entendre glisser comme un collier d'eau claire en bas de la maison le long ruisseau du Santussou. Sa guitare était accrochée au mur, au-dessus de sa petite table. Elle en jouait parfois des fandangos avant de se coucher dans son lit étroit aux baldaquins blancs. Sur le sol carrelé de brique jaune, un tapis de prière en laine s'effrangeait peu à peu. Son catéchisme datait de 1808, l'année de ses trois ans. Elle le gardait comme une relique et elle y avait inscrit son nom à l'envers comme dans un miroir : NIREUG ED EINEGUE.

Depuis cette retraite ouverte sur l'au-delà, elle adressait à Maurice, à Paris, le bulletin météorologique de son âme, fatras de choses, de jours et de papier. Elle lui racontait les menus événements du Cayla et les étranges fantasmagories qui l'assaillaient. Ainsi, une nuit, aux douze coups de l'horloge, douze moines étaient descendus du grenier, avaient fait le tour de la salle à manger, passant en file indienne devant la cheminée aux cariatides Renaissance avant de s'en retourner par le même chemin.

Le démon des solitaires

Un autre jour elle avait vu, tout comme Malric le meunier du Cayssié, assurait-elle, se profiler la dame blanche entre les vergnes et les saules et, de surprise, elle en avait lâché son panier plein de mûres.

Elle s'extasiait dans ses nuits insomniaques : « Si quelque chose est doux et suave, inexprimable en calme et en beauté, c'est bien certainement nos belles nuits, celle que je viens de voir de ma fenêtre, qui se fait sous la pleine lune, dans la transparence d'un air embaumé, où tout se dessine comme sous un globe de cristal. » Elle appelait les orages : « Il est dimanche ; je suis seule dans mon désert. Le tonnerre gronde et j'écris, sublime accompagnement d'une pensée solitaire et élevée ! Comme on monterait, brûlerait, volerait, éclaterait en ces moments électriques ! »

*

Malric se rendait tous les vendredis au marché de Gaillac juché sur son mulet à sonnettes. Il servait

de commissionnaire au baron, il emportait le courrier.
Tout à l'heure, elle avait entendu claquer les coups de
fouets sur les flancs du malheureux baudet et, sans se
soucier de l'encre qui débordait, elle s'était dépêchée
de terminer la lettre où elle rappelait à Maurice leurs
moments de grâce, quand ils attrapaient des libellules
au bord du ruisseau ou partaient à la chasse aux
grillons avec une paille pour les mettre en boîte entre
deux feuilles de salades, « parce que c'était ainsi qu'ils
chantaient le mieux. » Elle lui faisait ressouvenir
comme ils revenaient parfois sur leurs pas pour
contempler une pierre veinée d'azur, abandonnée sur
le bord d'un fossé, et qui leur semblait plus riche que
le diamant du grand Mogol. Ou bien Maurice se
juchait sur un rocher parmi les chênes, et tandis que
les jeunes moissonneuses chantaient au loin dans les
champs blonds, il célébrait de sa voix d'or les déesses
espiègles de la nature. Eugénie rougissait en
l'écoutant. Elle croyait alors qu'un jour elle
l'entendrait dire la messe comme leur oncle, curé à
Andillac, qui n'avait dû son salut sous la Terreur qu'à

une retraite précipitée dans les bois. Mais cela ne faisait rien, il était si beau perché sur cette chaire improvisée, tel un saint Jean Chrysostome profane!

Pour l'amour de Louise

Le démon des solitaires

I

Par un soir blanc de janvier 1828, à Gaillac, Louise de Bayne, dix-sept ans, la fille du sous-préfet du Tarn, fut présentée dans le salon des dames Tonnac aux sœurs Guérin. Au premier regard, la demoiselle s'éprit, malgré son air sévère, de la plus âgée des deux, cette grande maigre dont les cheveux en baguettes de pluie s'enroulaient sur ses tempes en deux éternels macarons qui paraissaient lui aplatir la figure.

Eugénie avait ressenti le même élan mais, à cause de sa réserve, de son quant-à-soi et, surtout, pensait-elle, de ses cinq années de plus, elle ne pouvait pas avoir l'audace sentimentale de Louise qui s'était copieusement étourdie de romans à la pension Astruc.

Mimi – c'était le petit nom de Marie, la cadette du Cayla -, s'étant éclipsée pour les laisser en tête à tête, elles se parlèrent tout bas dans un cœur à cœur éperdu, près de la fenêtre d'où l'on pouvait apercevoir les vignes au sein desquelles se nichait la ville.

Dès le lendemain, Louise écrivit à Eugénie qu'elle avait toujours désiré d'avoir une amie comme elle et que, jusqu'alors, il y avait eu trop d'enfantillages dans ses liaisons fondées sur des joujoux. Elle en désirait une de plus raisonnable, de plus durable, de réellement tendre et sincère, et elle venait de la trouver.

Avec Louise, c'était un tourbillon qui entrait dans la vie d'Eugénie : « Je ne vous vois que riante, courante, égayante, dansante… ».

Mais, surmontant ses premières préventions, elle s'accrocha à cette amitié légère et volubile et devint une habituée des salons de la sous-préfecture.

Le démon des solitaires

II

Le 14 août de l'année suivante, Eugénie accompagnait son frère, revenu de Paris pour l'été, à la chasse. Il l'avait indisposée avec ses prétentions de Parisien et, comme elle vénérait les créatures animales, même les plus insignifiantes comme les pucerons et qu'elle détestait l'idée de les supprimer, elle marchait à côté de lui, le traitant tout du long du chemin de « tueur assoiffé de sang. » Or, ce fut celui de cette sœur si chère que Maurice fut au bord de répandre. Alors qu'il venait de rater un merle et qu'il rechargeait son fusil, le coup partit. Cette déflagration fit craquer les coutures de la robe d'Eugénie et, comme frappée par la foudre, elle tomba sans connaissance. Ses omoplates saillaient par les déchirures de l'étoffe. Ses cuisses étaient dévoilées avec tant d'impudeur qu'après avoir jeté son arme en poussant un cri, Maurice s'était empressé de les couvrir de sa veste avant de s'agenouiller près de ce corps qui paraissait sans vie. Elle revint bientôt à elle et il la prit dans ses bras avec violence et effusion, presque à l'étouffer. Si elle n'avait pas survécu, il se serait sans doute suicidé.

Le soir même, il lui glissa un mot sous sa porte, lui promettant qu'il ne chasserait jamais plus.

Il avait remercié Dieu de ce miracle, devant elle, à haute voix, avec des mots brûlants, mais il lui était apparu tout changé. Eugénie avait eu la confirmation du pressentiment qui l'avait saisie lorsqu'elle l'avait vu reparaître au Cayla et c'est ce qui l'avait remontée si fort contre lui en allant chasser. Elle était certaine qu'il avait résolu de ne plus se faire prêtre. Quand il l'en informa le lendemain, la chargeant d'aller prévenir leur père dont il n'osait pas affronter le courroux, ce fut pour elle un coup bien plus terrible que la décharge de poudre de la veille.

- Ne sais-tu pas que Dieu est le lieu des saints ? lui protesta-t-elle, les yeux embués de larmes qui ressemblaient à de la cendre. Nous, pauvres humains, nous ne connaissons que la terre, noire et sèche comme un manteau de suie. Pas un brin de soleil dans la paille du jour. Tout à l'heure, j'ai entendu très loin passer des chevaux et j'ai pensé aux quatre cavaliers dont parle saint Jean… O Maurice chéri, ne rends pas, s'il te plaît, stérile et désespérante la force de mes prières !

Joseph de Guérin avait cru faire de son fils cadet le saint de la famille. Obligé d'en rabattre, ne le comprenant pas, lui vouant même une rancune qu'il ne devait jamais véritablement raisonner, il lui enjoignit, espérant encore qu'il se reprendrait, de seconder Erembert dans la gestion du domaine. Puis, au bout de quelques mois, Maurice n'ayant pas changé d'idée et le train de la maison n'étant pas suffisant pour deux, il décida de le renvoyer à Paris mais, cette fois, pour faire son droit.

Maurice qui avait commencé à prendre au Cayla des habitudes de *gentleman farmer*, et qui, dans les trois années qu'il y avait passé, entre ses quatorze et ses dix-huit ans, sans argent, sans relations, n'avait vu de la capitale à peu près que les murs chaulés de blanc de son dortoir du collège Stanislas, s'inclina de mauvaise grâce.

*

Retrouvant Paris dont il n'avait pas encore pu boire les nectars, persuadé qu'il quittait le Paradis pour un Purgatoire, il s'installa en octobre 1829 dans le quartier de la Chaussée d'Antin près de son cousin Auguste Raynaud.

Celui-ci, âgé de douze ans de plus que lui, après avoir enseigné aux collèges Stanislas et Bourbon, était maître de pension et répétiteur de grec et de latin. Personnage débonnaire, enclin à la plaisanterie, il n'hésitait pas à réveillonner avec ses élèves d'une dinde truffée venue du Languedoc. Il eut à cœur de perfectionner Maurice dans les humanités, lors de longues veillées studieuses.

Le jeune exilé le seconda bientôt. Pour se détendre, après ses heures de cours, il allait au 30 rue du Dragon dans un cabinet de lecture consulter les journaux, étonné, ravi, agacé mais finalement la plupart du temps ennuyé par tant d'opinions diverses assénées presque toujours sur un ton déclamatoire du plus ridicule effet.

Neuf mois plus tard, en réponse à Charles X qui avait renvoyé le Parlement et rétabli la censure, le peuple de Paris se souleva. Les ouvriers typographes chargèrent leurs fusils de plombs d'imprimerie, les barricades fleurirent à tous les coins de rue et, après trois jours d'insurrection glorieuse, le dernier « roi de France » prit la tangente au galop. Le fils du régicide Philippe-Egalité, Louis-Philippe d'Orléans, ancien protégé de Danton et l'un des acteurs de la bataille de Valmy, monta sur le trône, se faisant non plus appeler roi de France, mais « des Français », nuance dont Napoléon s'était déjà servi pour ceindre plus commodément la couronne impériale.

Eugénie était légitimiste jusqu'au bout des ongles. La fuite du dernier Bourbon et le triomphe de l'insurrection qui avait porté au pouvoir ce foutriquet au toupet ridicule qui osait se parer du titre de « roi citoyen », l'avaient mise hors d'elle. Cette révolution d'été n'annonçait-elle pas un bouleversement général, une fièvre de la capitale qui gagnerait bientôt la province ? Pour elle, une main maléfique venait de renverser la succession légitime, ordre des choses voulu par Dieu. Ce roi mi-chèvre mi-chou était ridicule. Elle ne cessa d'ailleurs jamais dans ses lettres de l'appeler « Monsieur Philippe. »

*

Pendant que Paris était à feu et à sang, elle n'avait pas cessé de trembler pour Maurice. Et s'il allait se mettre en danger ?

Le 20 août, il revint au Cayla pour y passer l'été. Elle l'interrogea sur ses sentiments. Etait-il toujours un honnête garçon, un bon royaliste ? N'avait-il pas été troublé par ces journées d'émeute ? Il la rassura sur ces deux points et elle lui dit en riant que s'il en avait été autrement, elle l'aurait pendu au premier chêne venu.

Le démon des solitaires

L'onde de choc des Trois Glorieuses se propageait jusqu'au Tarn dont le sous-préfet, M. de Bayne, légitimiste affiché, venait d'être révoqué. Dès le début des troubles, il avait envoyé ses filles, Louise, Pulchérie et Léontine, avec leur frère Charles au château familial de Rayssac , en pleines Montagnes Noires, pour les mettre à l'abri. À Andillac, Joseph de Guérin, à la tête de la mairie depuis seize ans, fut remplacé par le fameux Jean Gastou, qui trente-sept ans auparavant, s'était déjà posé comme son rival lorsque, encore presque des enfants, ils faisaient manœuvrer tous deux le petit bataillon de la garde nationale de leur commune.

Les partisans du nouveau régime fixèrent au clocher de l'église un « coq de la liberté » en fer blanc qu'un coup de vent emporta au diable, quelque temps après, avec le drapeau tricolore.

III

Eugénie se morfondait au Cayla, tandis que Louise de Bayne rongeait son frein dans une sombre bâtisse coiffée d'ardoises grises, plantée sur un promontoire volcanique.

Cette demeure s'inscrivait dans un cercle de pins noirs transpercé de longues allées plantées d'ormes et de hêtres qui ménageaient de frais reposoirs dans ces masses végétales oppressantes et opaques.

C'était sur les bancs de pierre moussue qui rythmaient ces grandes échappées que Louise venait s'asseoir pour lire les lettres de son amie.

Eugénie craignait de l'avoir perdue, à présent qu'elle se trouvait recluse dans ses montagnes. Aussi lui écrivait-elle tous les jours des lignes brûlantes et passionnées, l'appelant son « joli petit fauve. » Elle avait entrepris de la soutenir en lui faisant goûter les joies simples dont elle se contentait, ces mille et un bonheurs véniels qu'elle était seule à goûter depuis que Maurice n'était plus à ses côtés. Elle lui faisait des contes des fêtes et des coutumes de son pays qu'avec son frère, elle avait tant aimé glaner et, avec le tact infini qui la caractérisait, s'employait à jouer les directrices de conscience, suivant comme une mère attentive, les pas hésitants de Louise qu'elle ne sentait pas prédisposée comme elle à lutter contre les démons de la solitude.

*

Après son renvoi de l'administration, M. de Bayne se tenait à l'affût dans sa retraite et toujours sur la brèche. Il avait gardé de ses anciennes fonctions l'habitude de traiter également avec les paysans, les bourgeois ou les nobles.

Pulchérie, l'aînée de ses filles, tenait le rôle de maîtresse de maison avec moins de souplesse et davantage de hauteur que sa défunte mère. On l'appelait « madame la comtesse » et elle ne transigeait sur aucune de ses prérogatives. Marraine de Louise, elle n'avait pas le temps, avec cette charge de maison, de s'en occuper autant à Rayssac qu'à Gaillac.

Léontine, la seconde des filles, blonde et dodue comme une abeille, butinait les heures avec une obstination discrète et douce. Quant au fils unique, Charles, il ne pensait qu'à chasser le gibier dans les bois et les filles dans la plaine.

Louise ne trouvait de consolation à son ennui que dans sa correspondance avec Eugénie. Elle lui écrivait de longues lettres que Maurice, lorsqu'il les lut, jugea dignes de Mme de Sévigné, « avec le cœur au bout de la plume ». L'hiver approchait. Ce château avait beau avoir été conçu au onzième siècle pour affronter le froid, Louise se sentait glacée à l'idée de regarder, derrière une fenêtre close durant des mois, la neige tomber à pleins nuages. Elle avouait à Eugénie sa crainte de voir « au lieu de roses, des boules de neige éclore au mois de mai. »

Le démon des solitaires

IV

Maurice revint à Paris dans les premiers jours de novembre. Les échos de la révolution n'étaient pas encore éteints. Dans ce contexte, il lui était difficile de poursuivre sereinement les études de droit qu'il avait entreprises. Il avait la nostalgie de l'ordre ancien. Le nouveau régime ne lui inspirait que du dégoût. Il en percevait la médiocrité satisfaite et son idéal s'en trouvait blessé.

C'est alors que son cousin Raynaud lui parla d'un journal qui venait de paraître, *L'Avenir*, créé par Harel du Tancrel, avec l'abbé breton, Félicité de Lamennais comme rédacteur en chef. La ligne éditoriale du quotidien, « catholiciser » la liberté afin ne pas en laisser le monopole aux libéraux et aux athées, lui semblait convenir à ces temps de détresse et il y trouva de quoi apaiser ses incertitudes.

Le premier numéro était paru le 16 octobre. Le 25 novembre, Lamennais publia un *Appel aux évêques de France* et, le lendemain, le père Henri Lacordaire un article sur l'*Oppression des catholiques*. Cela valut aux deux pamphlétaires une comparution en cour d'Assises et, pour payer les audiences, une souscription fut lancée. Comme Auguste Raynaud, Maurice fit un don de cinquante sols. Le 31 janvier, il se rendit au procès et, à cette occasion, rencontra Lacordaire, prêtre d'action au regard fulgurant, qui lui fit une grande impression. Grâce à lui, il entra à *L'Avenir* comme rédacteur et donna plusieurs articles dont l'un, le 12 avril 1831, intitulé Des procès de la presse .

En novembre 1830, la Pologne catholique s'était soulevée contre l'occupation russe et le 8 septembre 1831, Varsovie avait capitulé sans conditions. Il écrivit d'un trait un poème intitulé La Pologne que Lacordaire fit insérer dans *L'Avenir* le 29 septembre suivant.

Jamais rien d'autre en poésie ne devait paraître du vivant de Maurice que ces strophes sonores et indignées dont voici les derniers vers :

Le démon des solitaires

La Pologne est tombée et sur sa noble tête,
Le vainqueur a tiré le funèbre linceul
Mais la foi sur sa tombe a planté l'espérance,
Et de la foi souvent l'invincible puissance
Ramena la vie au cercueil….

*

Quand une épidémie de choléra se déclara dans Paris, Maurice rentra en urgence au Cayla, cette forteresse de l'enfance où rien ne pouvait l'atteindre. Mais il n'y resta guère. L'appel de l'amour (ou de ce que lui, « le vierge, le vivace », prenait pour tel) l'emporta sur son repos et il partit réveiller Louise sa « Belle au bois dormant » dans son château des Montages Noires.

Il l'avait rencontrée à Gaillac en septembre 1829, à la veille de repartir à Paris et quand Eugénie les avait présentés, il avait remarqué un phénomène étrange : en le voyant, Louise avait été saisie d'une torpeur languide qu'il avait prise pour la manifestation d'un coup de foudre.

La suite de ce voyage l'avait conforté dans ses espérances. Il l'avait sans délai couverte de poésies d'un pieux lyrisme qui, tout en la touchant, ne risquaient pas de l'effaroucher. Joseph de Guérin et Eugénie complotaient un mariage entre les jeunes gens mais la perspective du bonheur, alliée à ce vent perpétuel chargé de miasmes, affola les bronches de Maurice et, juste au moment où son père allait demander pour lui la main de Louise, il cracha pour la première fois des caillots de sang gros comme le poing. On avait reporté la conclusion à plus tard.

Le démon des solitaires

V

Eugénie lui avait tellement parlé de son premier séjour là-bas en juin 1831 qu'en arrivant à Rayssac avec elle et leur père, Maurice eut l'impression d'avoir déjà hanté ce lieu cerné de grands bois noirs, peuplés sans doute de loups errants et de chouettes effraies.

Pendant tout le temps qu'il fut près d'elle, leur tête à tête se renferma dans une partie de cache-cache galant ombré d'incertitudes. Elle lui parut changée, minée par son interminable exil en noir et blanc. De son côté, Louise confia à Eugénie, qui le lui répéta, qu'elle le trouvait « très bien et d'une parfaite courtoisie ». Le mot contenait déjà une manière de distance mais il s'appliquait si parfaitement à lui, chaste poète et chevalier, qu'il se méprit une fois encore.

Prenant pour un présage heureux le bleu marial qu'elle avait revêtu pour le recevoir, il se lança hardiment dans l'aveu de son amour. Elle ne l'interrompait pas, immobile dans sa bergère à fleurs. Une ombre de regret passait par moments sur son front pur. Elle aurait pu l'aimer sans doute, il était d'une beauté archangélique, élégant, charmant causeur, poète délicat. Par-dessus tout, il était le frère chéri d'Eugénie, sa meilleure amie. Mais voila qu'une quinte de toux le cassa en deux au milieu d'une phrase et elle eut peur qu'il vomisse du sang comme lors de son premier séjour.

Se saisissant d'une clochette, elle s'apprêtait à l'agiter pour faire venir du monde quand, fâché d'avoir été surpris en état de faiblesse, Maurice se redressa de toute sa haute taille, lui fit signe que tout allait bien puis, allongeant le bras, saisit le bas de sa robe pour l'empêcher de se lever. Il sentait qu'elle avait peur de lui, qu'être malade quand on est amoureux est la pire des calamités, surtout dans ce moment où les gazettes n'en finissaient pas de raconter les entassements de cadavres de cholériques qui se faisaient devant les portes barricadées des morgues de Paris, déjà empuanties de charognes durant ce dramatique été de fièvres. Louise en tremblait, elle ne voulait pas entendre parler des maladies, elle voulait goûter à la vie, trouver un mari solide comme son père et qui eut quelque fortune par-dessus le marché. Tandis qu'avec Maurice, si magnifique, si galant qu'il fût, mais malade et pauvre comme il était, quelle vie pourrait-elle mener, grand Dieu ? Elle avait essayé d'ouvrir les yeux de son amie sur l'impossibilité d'une telle union mais Eugénie était si entichée de son frère qu'elle ne pouvait pas concevoir un tel refus.

*

Maurice se tut enfin, épuisé et tremblant.

Louise le regarda d'abord en silence, la tête un peu penchée comme pour réfléchir mais, dans ses yeux aussi bleus que sa robe, il ne voyait rien, rien que le froid d'un miroir dont il était absent.

Le démon des solitaires

Toujours un peu rieuse, parce que sa nature lui commandait d'être gaie en toutes circonstances, même les plus cruelles, elle laissa tomber son verdict de sa petite bouche ronde, délicatement dessinée : il lui était impossible d'accéder à sa demande.

Il se leva d'un bond en essayant de conserver sa dignité et il lui tendit la main en prononçant ces mots :

- Que votre volonté soit faite et non la mienne !

Cet alexandrin christique devait ouvrir le poème qu'il consacrera plus tard à ce moment douloureux. Dans ces stances qu'il gardera pour lui, il continuait sa déploration avec une ingénuité désarmée :

Car il n'est rien en moi qui ne vous appartienne
Sans en rien retenir.
Je vous ai tout donné : pensée, âme ravie
De son premier amour, toute ma jeune vie
Et tout mon avenir.

Le démon des solitaires

Dès lors, le chagrin aidant, il envisagea sérieusement d'entrer dans la Congrégation de Saint-Pierre installée par Lamennais en 1828 à la Chênaie, près de Dinan. Ce projet de retraite spirituelle avait été retardé par ses espérances sentimentales. A présent, plus rien ne l'empêchait plus d'aller rejoindre le grand homme dans ses landes bretonnes.

La Chênaie

Le démon des solitaires

I

Lors de son premier voyage à Rome en 1824, Lamennais avait été reçu avec bienveillance par Léon XII. Le souverain pontife lui était reconnaissant d'avoir remis la religion à sa vraie place, c'est-à-dire « aux pieds de la Croix » et non sur les marches du trône que se disputaient légitimistes et orléanistes. Le pape avait même été jusqu'à le comparer à un Père de l'Eglise et, ne pouvant le nommer cardinal, il l'avait élevé à la pourpre *in petto*, c'est-à-dire « dans le secret de son cœur ».

La relation de l'abbé avec Rome avait commencé à se dégrader avec l'élection le 2 février 1831 du moine vénitien Bartomoléo Capellari, successeur sous le nom de Grégoire XVI de l'éphémère Pie VIII qui avait eu le temps, dans ses dix-huit mois de pontificat, d'encourager les bons chrétiens à se rallier à Louis-Philippe. Cette autorisation n'empêchait pas Eugénie de perdre ses nerfs quand elle évoquait le roi bourgeois dont la tête piriforme faisait la joie des dessinateurs. L'un d'eux, Charles Philippon, avait d'ailleurs passé six mois en prison pour crime de lèse-majesté, coupable d'avoir croqué cette poire royale dans le journal *La Caricature*.

*

Dans ses *Mémoires*, Alexandre Dumas, grand admirateur de Lamennais, raconte la visite que l'abbé, de passage à Rome le 13 mars 1832, avait faite au nouveau pape.

Celui-ci, solide sexagénaire à la mine enjouée, le reçut debout et lui demanda à brûle-pourpoint :

- Prisez-vous ?

Lamennais crut entendre « Priez-vous ? » et il en resta coi. Mais devant la tabatière en lapis-lazuli ouverte sous son nez, ses esprits lui revinrent et il prit une pincée de tabac blond.

- Etes-vous amateur d'art ? continua le pape, à quoi Lamennais répondit :

- Cela dépend, Très Saint Père… Oui, bien sûr, quand cela en vaut la peine.

- Ici nous avons tant de merveilles que tout en vaut la peine. En avez-vous visité quelques unes ?

- Je n'en ai pas encore eu le loisir, Votre Sainteté.

Comme s'il avait voulu lui suggérer quelque but de promenade, le pontife cita alors l'église de Saint Pierre aux Liens, façon habile de rappeler, dans le moment où le Français donnait les premiers signes d'indiscipline, ce qui devait lier sa Congrégation de Dinan à l'Eglise de Rome. Lamennais qui l'avait visitée et qui avait parfaitement perçu l'intention du pape, s'écria sur un ton théâtral:

- Plût à Dieu que ce fût la seule église ligotée de la chrétienté !

Sans s'émouvoir, le pape poursuivit :

- Et qu'avez-vous pensé, monsieur l'abbé, du *Moïse* de Michel-Ange?

- C'est ce qu'il a créé de mieux mais, en ce qui me concerne…

Le démon des solitaires

- N'ajoutez rien ! coupa Grégoire XVI en lui prenant le bras, vous vous égareriez sans doute.... Mais je vais vous montrer la réduction qu'en a faite ce grand maître et qui me paraît supérieure à l'original.

Sur la table de travail du pontife était posée une statuette en argent :

-Regardez-la bien ! dit-il en la tendant à Lamennais qui n'osait pas s'en saisir, ne sentez-vous pas qu'on retrouve dans cette œuvre la marque du lion, son créateur, même si, pour l'occasion, il a rentré ses griffes ?... Regardez-la encore, insista-t-il avant d'ajouter avec une pointe de cruauté :

-Je voudrais pouvoir vous l'offrir, mais ici rien ne m'appartient.

Puis il étendit la main sur la tête de son visiteur pour le bénir et celui-ci dut repartir, après s'être incliné, sans avoir pu ajouter un mot.

Trois mois plus tard, Grégoire XVI, dans une lettre aux évêques polonais, dénonçait les *agitateurs* et les comploteurs. Cela revenait à soutenir le tsar Nicolas Ier contre les patriotes. « Le pape a divorcé

d'avec le Christ et il fornique avec ses bourreaux »,
fulmina Lamennais dans sa revue. La réponse ne se
fit pas attendre : le 15 août suivant, l'encyclique
Mirare Vos condamnait, sans même le nommer, le
héraut du libéralisme chrétien.

Le démon des solitaires

II

Le 5 décembre 1832, Maurice arriva à la Chênaie en compagnie d'Eugène Boré, un ancien condisciple de Stanislas, qui portait à peu de chose près le nom du vent du nord.

Après la traversée d'une petite forêt, une longue allée bordée de sapins et de châtaigniers menait au manoir devant lequel s'étendait un grand jardin, interrompu par une terrasse bordée de tilleuls. Tout au fond se nichait une chapelle pas plus grande qu'un boudoir.

Lamennais le reçut dans une pièce étroite et sombre aux allures de confessionnal. Recroquevillé sur sa petite chaise paillée, il se tenait si proche de lui qu'il lui soufflait en pleine figure une haleine empuantie par l'odeur du tabac à priser.

Après l'avoir félicité pour ses vers sur la malheureuse Pologne, il lui posa des questions à feu roulant sur les sujets les plus divers et les plus fantaisistes, comme s'il avait voulu éprouver sa patience. Là-dessus il enchaîna des tirades destinées à lui montrer le chemin de la grâce mais un chemin raboteux au bout duquel on ne pouvait arriver que transi, éberlué, épuisé.

Le nouvel adepte pressentit avec effroi qu'un tel périple allait le mener tout droit vers l'abîme et il sortit de cet entretien avec l'impression d'avoir fait un mauvais rêve. Il avait beau se répéter que le Père - puisque tel était le titre que lui donnaient ses disciples -, avait été très bon, très chaleureux avec lui, il n'avait à aucun moment éprouvé de sympathie à son égard. Il se reprochait cette pensée au point d'avoir envie de pleurer.

Il se précipita vers la chapelle comme vers une fontaine d'eau pure.

Un jeune homme était agenouillé, le visage levé vers la croix, inondé d'une pâleur que rehaussaient ses cheveux dorés et comme arrimé à une rive mystérieuse cachée au fond de lui.

Le démon des solitaires

Pour ne pas le déranger, Maurice recula mais, dans sa retraite, il renversa un banc. Ce fracas avait dérangé la prière de cet inconnu au visage angélique. Il se retourna et, découvrant la présence de l'intrus, il le regarda sans colère, se leva d'un bond et le rejoignit d'un pas souple pour lui souhaiter la bienvenue.

Ce garçon s'appelait François du Breuil de Marzan et il était venu en voisin faire une retraite de quelques jours.

Plus tard, dans la soirée, Maurice descendit de sa chambre pour causer plus longuement avec lui et, après quelques paroles échangées qui l'avait mis en confiance, il osa, presque de but en blanc, lire à Marzan quelques-unes des pages, toutes pleines des débris de son amour dédaigné, qu'il avait dédiées à Louise. Il lui révélait par là même que c'était ce chagrin, plus que la quête de Dieu, qui venait de conduire ses pas jusqu'à la Chênaie.

- Pardonnez-moi de vous avoir infligé ces lamentations, se justifia-t-il, j'ai l'âme chagrine car je pense que Dieu m'a élu pour le malheur.

Le démon des solitaires

Du Breuil, après l'avoir patiemment écouté, lui dit en s'emparant de son poignet :

- Et si nous passions de l'épine à la fleur ?

Bien qu'ils n'aient rien su l'un sur l'autre deux heures auparavant, ils échangèrent leurs plus profonds secrets comme ils l'auraient fait de leurs sangs. Ils découvrirent ainsi à quel point ils étaient voués l'un et l'autre à l'amour et à la poésie et ils les communièrent à partir de ce jour dans la même ferveur, non parce que Lamennais les rendait plus croyants, mais parce que là, dans cette oasis de prières, ils n'avaient trouvé que ce moyen de se dire leur amitié.

Ils ne connurent dès lors pas de joie plus vive que de s'asseoir côte à côte à la lueur d'une chandelle, le coude appuyé à la table, les yeux levés au plafond, et de se confier à voix basse, comme en cachette, ce qui les faisait s'attrister ou s'enthousiasmer. Rendus souvent au milieu de la nuit, fatigués d'avoir confronté leurs pensées, ils allaient dormir avec l'espoir de rêver pour pouvoir se raconter au petit matin leurs escapades nocturnes.

L'après-midi, c'était dans le parc qu'ils se retrouvaient, sur un vieux banc de pierre. C'est fou ce qu'il y avait d'oiseaux dans les arbres de la Chênaie ! Mésanges, rouges-gorges, passereaux, alouettes, colombes, merles, geais noirs ou bleus. Dès l'aube, leur tumulte assaillait le maître en chapeau de paille que Maurice regardait s'incliner, (en quête de quelle aumône ?) devant le massif de rhododendrons qui faisait tache sous sa fenêtre.

Le démon des solitaires

III

Chaque soir, à la Chênaie, après le frugal repas, M. Féli réunissait ses disciples dans la seule pièce qui disposait d'une cheminée et, tassé devant l'âtre dans un fauteuil à oreillettes, il les écoutait discourir les uns et les autres, apportant de temps à autre sa touche paternelle ou bien racontait presque à voix basse, comme pour lui-même, des épisodes de sa jeunesse.

Il était né le 19 juin 1782 à Saint-Malo, dans la rue Saint-Joseph, à quelques encablures de la rue des Juifs où René de Chateaubriand, quatre ans plus tôt, avait fait une entrée hurlante dans le monde.

Il avait cinq ans quand la mort de sa mère jeta sur lui, contrefait de naissance, un manteau de cafard dont il ne devait jamais se défaire. Sa piété enfantine dès ce moment prit des allures de bigoterie mystique. Au lieu de se fabriquer des jouets comme les petits compagnons de son âge, il échafauda dans le secret de sa chambre des petits autels dédiés à la Vierge

Le démon des solitaires

Marie et, pendant des heures entières, il priait comme on rêve, s'endormant parfois au beau milieu d'une oraison. Mais si sa foi le soutenait, il ne la croyait jamais assez assurée, assez rayonnante. Elle restait austère et stricte, couleur d'ardoise comme la mer bretonne, et il se jura d'y mettre un jour un tel soleil que la papauté elle-même en serait éblouie.

*

En 1793, la Convention avait missionné Jean-Baptiste Le Carpentier pour gouverner Saint-Malo. Issu d'une famille de laboureurs du Cotentin, il avait longtemps été un homme d'ordre, huissier de justice à Valognes, avant qu'en 1789, les idéaux révolutionnaires n'en viennent à lui fêler la cervelle. Il avait hérissé sa ville de mission d'échafauds ruisselants, fait condamner les portes des églises, mutiler les statues des saints, fondre l'or des ciboires et décrété Jésus « sans-culotte. »

Le démon des solitaires

Au péril de sa vie, M. de Lamennais, né dans le cœur de la cité corsaire et qui y subissait l'orage révolutionnaire en se faisant discret, avait accueilli dans sa maison un prêtre réfractaire qui, durant la nuit précédant sa fuite, avait célébré la messe à la lueur de deux bougies dans une cave de la rue Saint-Vincent. Tandis qu'il officiait, le jeune Féli faisait le guet dans la rue. C'est à ce temps de catacombes que remontait l'amitié du Maître avec celui qui à la Chênaie était venu sur le tard lui servir de second.

Au sortir de la Révolution le jeune Féli fut confié par son père, un armurier qui avait fait sa fortune au temps des troubles, à un précepteur du nom de Carré qui, sous des dehors onctueux, dissimulait une nature violente. Pourtant, aucune vexation ne put avoir prise sur le jeune homme qui ne voulait rien apprendre dans la persuasion où il était que Dieu l'avait distingué pour accomplir des choses qui n'ont pas besoin d'être enseignées. Carré ne tarda pas à renoncer et, une fois ce bourreau parti, Féli se mit à déchiffrer seul, comme en lévitation, les grands textes qui dormaient dans la bibliothèque de son oncle.

Pour le détourner de ses lectures pernicieuses et dissiper le rêve perpétuel qui lui ennuageait l'esprit, son père lui ordonna d'intégrer l'atelier familial.

- Vous n'y serez jamais bon comptable pas plus que commerçant avisé, lui avait-il dit durement, mais au moins vous serez secondé par des hommes compétents. Vous habiterez ici. Je vous ai fait préparer une chambre sous les toits et, si vous y tenez, vous pourrez cultiver au bord de vos fenêtres ces géraniums que vous aimez tant.

Il ne fut pas très exact ni très heureux à faire la sentinelle au milieu des fusils et des sabres mais il trouva dans ces tâches ingrates la satisfaction d'accomplir un devoir filial. Comme il jouait de la flûte en virtuose, il se joignit à un groupe de musiciens qui s'adonnait aux danses celtiques. Et, parce qu'il était leste, délié de corps, souple comme l'osier, il fréquentait une salle d'armes et se jetait dans les duels au fleuret avec tant d'ardeur qu'après le départ de ses adversaires, il avait encore l'énergie d'aller défier un mannequin pendu à une poutre.

Toutefois, sa vocation poétique devenait de plus en plus pressante. Le sombre retrait de la maison de commerce exacerbait son obsession du beau et du vrai. Il rêvait aux écueils qui cernent Saint-Malo, aux vagues qui se fracassent contre les rocs. En hiver, à la tombée de la nuit, les bergers allumaient sur les côtes de grands sémaphores de bruyères et des légendes racontaient que les noyés sans sépulture s'arrachaient à l'océan pour courir s'y chauffer.

Sa plus profonde intimité, c'était ce paysage. Sans doute, son père l'aimait-il mais pas avec l'éloquence et la passion que lui prodiguait la nature. L'absence de sa mère était une écharde dans sa chair. Pourquoi l'avait-elle abandonné ? Etait-il condamné par cette répudiation fatale ? S'il préférait être seul, c'était parce que les fantômes n'aiment guère partager leurs visites. Des migraines l'assaillaient, foudroyaient sa raison. A des colères frénétiques succédaient des évanouissements prolongés qui affolaient son frère

Jean, récemment entré dans les ordres. On le saigna, on le purgea, mais son état restait critique. Il ne parlait presque plus. La croix le hantait, il s'y voyait cloué. Son frère s'éloigna. Lui qui voulait l'entraîner à sa suite sur les chemins du sacerdoce ne comprenait rien au combat qui se jouait dans cette âme désabusée du songe qui s'appelle la vie.

En novembre 1816, il fut ordonné prêtre à Vannes et s'en repentit aussitôt. Au cours de sa première messe, les parents et les amis endimanchés de fierté qui se pressaient dans l'église furent horrifiés de le voir tituber tel un homme ivre mort. Quand il se retourna pour l'offertoire, il leur apparut plus pâle que le linge que sainte Véronique avait appuyé sur le visage du Christ. La sueur coulait à grosses gouttes de son front à sa bouche qui bafouillait les formules sacrées et ce fut avec des tremblements d'épileptique qu'il leur tendit le ciboire et l'hostie.

Durant ces premiers mois, il ne cessait de dire qu'il portait une charge bien trop lourde pour lui. « Je suis une victime attachée au poteau du sacrifice », s'écriait-il dans la solitude moisie de son presbytère. Tantôt il aspirait à mourir et tantôt rêvait d'actions d'éclat, hésitant entre ces deux extrêmes, incapable de dompter cette force inconnue qui montait en lui comme la sève dans un arbre.

Mais il s'obstina à lutter contre la tentation de l'exaltation stérile et contre celle du renoncement. Il s'attela dès lors à sa tâche, aiguillonné par la foi retrouvée de son enfance dont la Chênaie, dans son retirement sauvage, incarnait à ses yeux la pureté inviolée.

Le démon des solitaires

IV

Maurice n'avait jamais rencontré Lamennais. Lacordaire, « le prêtre angélique », qui servait d'intermédiaire entre eux à Paris au temps de *L'Avenir*, avait rejoint l'abbé à la Chênaie mais il ne tarda pas à s'en échapper de nuit sans préavis. Maurice, admis dans la communauté depuis trois jours, fut stupéfait par cette nouvelle. Il en apprit bientôt par ouï-dire la raison principale : Lacordaire ne supportait plus d'entendre injurier le Pape et la papauté. Lamennais traita la dérobade de son ami par le mépris. C'était, selon lui, le fait d'un « esprit mobile » sans consistance. Mais le fuyard n'était pas le seul à juger exagérées les fureurs et les emportements de l'abbé. Même ses intimes les plus anciens comme Berryer, qui ne lui envoya pas dire, commençaient à le trouver « sectaire ».

Au début de son séjour, et malgré la tournure étrange de leur premier entretien, Maurice était si épris du personnage, comme on peut l'être d'un maître spirituel, que ce caractère sombre, emporté, dominateur, lui apparaissait, au contraire, comme un gage de vérité et de droiture. Il était clair que cet homme-là ne mentait pas et que son comportement était accordé à sa mission. Et puis comment n'aurait-il pas admiré l'auteur de l'*Essai sur l'indifférence en matière de religion* ? Il partageait ces lignes d'hommage consacrées à Blaise Pascal: « Personne n'a mieux connu le pouvoir de l'opinion, qu'il appelle la reine du monde ; et l'on concevra qu'il ne dit rien de trop, si l'on entre un peu avant dans sa pensée, et qu'on entende par opinion les doctrines dominantes... » A la publication du livre, en 1817, Joseph de Maistre avait proclamé que c'était un tremblement de terre sous un ciel de plomb. Lamennais y affirmait la prédominance de la religion sur la loi humaine en une formule d'airain : «Il faut que l'homme soit d'abord en société avec Dieu pour pouvoir entrer en société avec ses semblables. » Cela aussi parlait directement à l'ancien étudiant en droit.

Le démon des solitaires

Qu'est-ce donc qui l'avait éloigné insensiblement de l'abbé, sans qu'il s'en aperçût, comme on se perd de vue sous l'orage ?

*

En entendant les craquements lointains de la foudre, il appuya ses mains sur ses oreilles pour étouffer ces échos saccadés comme des rires d'outre-tombe. Il se sentait incompris, jugé et condamné d'avance. Même les tendresses que Lamennais lui prodiguait parfois, pour se punir peut-être de ses sévérités injustes, lui semblaient trop appuyées, trop démonstratives, pour l'amener à croire qu'il puisse être aimé de lui.

Depuis son arrivée ici, il avait été sommé de se montrer « tel qu'en lui-même » parmi les autres, d'exister pour de bon, d'endosser enfin sa vraie nature. En effet, l'abbé avait eu tôt fait d'épingler la singularité de ce disciple occitan qui n'avait jamais vu la mer et qui ne prenait jamais la parole dans leurs veillées, si bien qu'il fallait lui arracher les mots de la bouche, ce qui pour un bavard comme M. Féli représentait le sommet de l'insolence. Il n'y avait sans doute plus rien à faire aujourd'hui pour ne pas décevoir une telle attente. D'ailleurs, avait-on jamais attendu quelque chose de lui ? Sa mémoire tintait encore des propos du maître, regrettant d'avoir admis dans sa bergerie une brebis aussi fantasque et indisciplinée.

Mais, dans son cœur, le mal était fait avant même l'échec de la petite communauté. Il laissait place en lui au Dieu de son imagination qui l'entraînait loin de ce repaire chimérique, ce château de plein vent et de brumes qui, par comparaison, transportait le Cayla au cœur des *Mille et une nuits*.

Le démon des solitaires

V

Un jour déjà ancien, Eugénie lui avait enjoint de se raccrocher à son âme comme à une planche de salut. Elle se méfiait déjà de ce panthéisme païen qui lui venait de la contemplation de la nature et du penchant qu'il avait eu toujours à voir des divinités cachées sous le moindre brin d'herbe.

Il avait failli s'étrangler :

- Mon âme ? Diable ! A vrai dire, je songe de plus en plus rarement à cette locataire encombrante.

Il s'était efforcé tout de même de composer avec ces quelques grammes d'ineffable qui, paraît-il, nous allègent après notre mort. Ce qui le hantait, c'était la progression fatale en lui de l'inutile, du précaire, du provisoire. Pourtant, il lui arrivait encore de tomber à genoux en larmes dans la chapelle devant le Dieu inconnu. Mais quand ça le prenait, sans préavis, tout son être grinçait d'une mélancolie désaccordée qui le faisait douter, dans ce manoir des ombres, de ses facultés d'espérance.

Dans les moments de découragement, il lisait à en user ses yeux et la chandelle son cher Novalis et ses *Hymnes à la nuit*, dans la langue originale, et les longs poèmes fluviaux de Friedrich Hölderlin qui s'accordaient au cours de sa mélancolie. Sous la fenêtre de la maison du menuisier Zimmer chez lequel il vivait, le poète voyait s'écouler le Neckar. La présence du fleuve, ainsi que les échappées journalières qu'il faisait dans le verger attenant, avaient fini par calmer ses crises de fureur et, peu à peu, une folie tranquille, cérémonieuse, s'était installée chez lui. Secrètement, Maurice enviait cette façon douce d'avoir eu raison des apparences.

Il avait récemment découvert la mer dont il avait tant rêvé, au Cayla, regardant depuis la terrasse onduler les champs de blés verts. Edmond de Cazalès, le fils du député ami de Lamartine, qui venait d'arriver à la Chênaie lui proposa quelques jours plus tard de l'accompagner au bord de la mer jusqu'à l'estuaire de la Rance. Maurice était incertain de vouloir tenter une aventure qui l'effrayait comme un rendez-vous avec une femme trop belle. Mais son nouveau compagnon semblait si désireux de faire ce trajet avec lui qu'il alla aussitôt voir M. Féli pour obtenir une permission de sortie.

*

Les jeunes gens se mirent en chemin par un beau soleil. Un vent frais soufflait dans leur dos et cet air neuf leur donnait un sentiment de délassement et de légèreté. Saint-Malo se trouvait à cinq lieues de Dinan mais Maurice avait toujours eu le goût des longs trajets à pied.

Le talon fermement posé sur le sol, il marchait d'un pas vif entre les haies fleuries. Cela faisait longtemps qu'il ne s'était pas senti aussi bien. Lui, si secret, si farouche, était disposé à ouvrir son coeur à ce frère de prières et d'étude. Seulement, il ne savait pas trop par où commencer et il attendait que

Cazalès en prenne l'initiative. Ils avaient presque le même âge, la même soif d'apprendre la langue de la nature. Ils étaient chastes comme des ermites et cette réserve sauvage face aux tentations de la chair, au lieu de les intimider, les renforçait comme Bernard de Clairvaux qui allait se plonger dans un étang glacé à la moindre manifestation du désir.

Devant la mer, une émotion sacrée saisit Maurice comme le soldat grec s'écriant « Thalassa ! » Il ne s'appartenait plus. Il songea à Christophe Colomb accostant sur un rivage inconnu de l'autre côté du monde, à tous les abîmes que le navigateur avait défiés, puis au René de Chateaubriand, à ce jeune homme dont il se sentait si proche parce qu'il savait lire dans le vent.

Le démon des solitaires

VI

S'étant dépris peu à peu de l'homme qu'il avait élu entre tous pour lui ouvrir la voie du salut, Maurice ne se sentait plus accordé à ce lieu qu'il avait pris naguère pour le toit du monde. Il ne frayait pas avec ses compagnons et, pendant qu'ils jouaient aux barres avec M. Féli, s'extasiant de l'adresse du maître à ce rude exercice, il allait s'asseoir au bord de l'étang, sous les arbres de la plantation dont les ombrages le troublaient. Il nota dans son *Cahier vert*, journal de bord de cette saison au Purgatoire : « Que sommes-nous donc pour qu'il suffise d'un peu de verdure et de quelques arbres, qui ne seraient rien pour moi si c'étaient des ormes ou des chênes mais qui sont beaucoup parce que ce sont des hêtres pour nous ôter la paix et nous détourner de l'amour de Dieu ? »

Son désespoir était d'autant plus amer qu'il s'exprimait sans tumulte, avec pour seul accompagnement le léger bruissement d'une feuille morte livrée au vent. Il devait se décider ! Sa vocation était-elle aussi assurée qu'il l'avait cru ? Son existence tout entière dépendait de son choix. Il regardait ses amis avec envie. Aucun doute ne les effleurait, ils chantaient sans fausse note la partition de l'abbé. Il figurait le « méchant » dans ce chœur unanime. Des fantasmagories blasphématoires aiguisaient sa révolte contre les pratiques d'un autre âge imposées par l'abbé : « Peut-être que j'abrite un esprit rebelle aux emportements mystiques ? Durant les prières collectives, au lieu de psalmodier avec mes compagnons et je fais semblant de les suivre, je bouge pieusement les lèvres sans qu'il en sorte un son. »

Il boudait les exercices censés le préparer aux cérémonies liturgiques mais il espérait encore dans sa nuit spirituelle un signe, une étincelle. Il se scrutait, fouillait les moindres recoins du grenier de son âme mais il n'y trouvait rien que de vieilles reliques impropres à la piété.

Non, mille fois non ! Assez de comédie ! Il avait fait fausse route en venant à la Chênaie. Dieu l'abandonnait à son sort. Son père l'avait destiné à devenir prêtre mais il comprenait ici, plus fort qu'avant, qu'il ne revêtirait jamais plus la soutane de son enfance comme au petit séminaire de Toulouse.

En revanche, il aurait servi volontiers une religion moins stricte, un culte plus accueillant aux mystérieux prestiges de la nature. Ici, parmi les chênes, lui l'amoureux de Jean de La Fontaine avait la sensation d'être un roseau décérébré, oscillant au gré d'un vent mauvais qui ne tarderait pas à le rompre malgré la morale de la fable.

VII

Le 24 mars 1833, le plus proche disciple de l'abbé, son neveu Elie de Kertanguy arriva tout en larmes devant Maurice qui lui demanda :

- Qu'avez-vous donc à vous changer en saule ?

A quoi Elie répondit dans un chuchotement de chat-huant que le maître venait de l'effrayer au point de susciter ces pleurs.

- De quelle façon vous a-t-il fait peur, allons, racontez-moi !

- M. Féli était assis sur le banc qui est derrière la chapelle, sous les deux pins d'Ecosse, il tenait son bâton et regardait le sol, parfaitement immobile, comme changé en pierre, quand je me suis approché de lui, il a soulevé la tête par une de ces secousses électriques qui le prennent au sortir de ses visions, puis il a dessiné avec son bâton un carré sur le gazon. « Voilà où sera ma tombe », l'ai-je entendu dire comme pour lui seul, je voyais le bois de sa canne vibrer sous l'emprise acharnée, précise, de ses doigts de sourcier, tandis qu'il décrivait le périmètre de son dernier repos. « C'est là que je veux être. J'y serai bien. Mais je ne veux rien que ce gazon pour sépulture. »

Il m'a fixé dans les yeux et, donnant un coup furieux sur l'herbe, il a martelé : « Surtout pas de monument, je n'en veux pas, m'as-tu compris ? » Il était pâle comme un mourant, le regard égaré, si bien que je l'ai cru proche de sa fin. Me livrait-il sa dernière volonté, à moi qui m'en sentais si peu digne ?

Je suis resté sans bouger, sans pouvoir articuler un mot. J'étais tétanisé, le Père ne bougeait pas non plus. « À présent, mon petit, laissez-nous », a-t-il enfin soupiré. Alors, j'ai obéi. Ils doivent être toujours là-bas. Pourquoi m'a-t-il dit de partir, pourquoi ne m'a-t-il pas laissé le temps de le secourir ?

- Elie, ne le savez-vous pas ?

-Parce que je me suis tu, Maurice ! Oui, c'est cela. J'ai cru que mon silence était une réponse suffisante, j'ai oublié qu'il est un homme de mots.

Enfin, malgré mon inquiétude, le choix qu'il fait de reposer ici, parmi la verdure, semble indiquer qu'il a renoncé à sa décision d'être mis à la fosse commune. Je ne supportais pas cette idée, j'y voyais de l'orgueil.

- Il y reviendra pourtant, dit Maurice. L'amour qu'il a des pauvres l'y jettera, la bouche pleine de terre. Je suis prêt à le parier.

Il s'arrêta, fixa Elie droit dans les yeux et s'écria :

- Pourquoi êtes-vous venu me dire tout cela ? Vous connaissez mes rapports avec M. Féli ! Je n'appartiens pas comme vous au collège de ses apôtres et si l'on me forçait à le renier trois fois comme saint Pierre, eh bien je le ferais quatre et même cinq, et moi, je ne sortirais pas au chant du coq pour pleurer !

A ces mots, Elie se sauva comme s'il avait entendu sonner le tocsin. En le regardant partir, Maurice ne souriait plus, accablé par ces mots de soufre et de souffrance qui lui étaient sortis de la bouche malgré lui.

*

Le démon des solitaires

Le 4 septembre suivant, Lamennais dispersa sa petite colonie, dit adieu à ses disciples et quitta la Chênaie. En Bretagne, il commençait à se sentir traqué. Certains de ses compatriotes lui promettaient l'enfer, d'autres faisaient un signe de croix en passant devant le château comme devant la maison du Diable. On lisait son courrier, on le traînait dans la boue, on l'accusait d'entretenir des rapports contrenature avec ses adeptes. A Paris, il se serait fondu dans la foule des anonymes.

Pourtant, il haïssait la capitale et l'avait souvent désignée comme « le lieu de toutes les sottises, de toutes les bassesses et de toutes les noirceurs ». La société moderne n'était qu'un théâtre où des histrions se barbouillaient de sang au lieu de vin, où comme dans une pièce de Shakespeare, la bouffonnerie se mêlait au tragique. Il comparait tout cela à la guerre des punaises contre les araignées. Il désespérait du présent mais l'avenir lui apparaissait plus sombre encore, pareil à cette nuit de la Saint-Martin qui passait pour la plus noire de l'année. Aujourd'hui, il était certain que quelque chose d'en haut méditait de se venger des hommes.

Il emportait avec lui le manuscrit de *Paroles d'un croyant*, écrites au printemps, et qui parurent en avril 1834 grâce à l'entremise de Sainte-Beuve. Dans un long préambule, il annonçait la vengeance de Dieu contre les puissants et les profiteurs : « La terre est triste et desséchée mais elle reverdira. L'haleine du méchant ne passera pas éternellement sur elle comme un souffle qui brûle. »

Dédié au peuple et fait principalement pour lui, ce génial pastiche biblique fut imprimé en pleurant par les ouvriers typographes et traduit partout.

Le 25 juin suivant, l'encyclique *Singulari nos* de son vieil ennemi Grégoire XVI qui avait jugé l'ouvrage « petit par son volume mais immense par sa perversité », condamna Lamennais, nommément cette fois, en lui ordonnant de se repentir.

L'abbé répudié n'en fit rien. Il se voua désormais au peuple, devenu pour lui la véritable Eglise, et ne déviera plus de cette ardente foi jusqu'à sa mise en terre dans la fosse commune du Père-Lachaise en février 1854.

Le rêveur du Val

Le démon des solitaires

I

L'amitié entre Maurice et François de Marzan s'était nouée dans la chapelle de la Chênaie par une franche poignée de main devant la statue de saint François d'Assise qu'un grand cierge éclairait d'une lueur de fumée. Elle se perdurait quelques mois plus tard au Val, chez Hippolyte de la Morvonnais et, sur un autre banc de pierre, toujours côte à côte, ils faisaient le catalogue de leurs désillusions.

- Tu portais sur ton front un tel air d'infortune que j'ai été ému, ce premier jour, comme devant un frère retrouvé. Je suis persuadé que le Maître ne t'a jamais pardonné cet air-là. Il t'aurait voulu heureux dans sa communauté mais il n'aura pas fait grand-chose pour que tu le sois. Alors, ta passion mystique pour la nature t'a repris. Tu as cherché de nouveau dans la voix du vent, dans l'étreinte des arbres, et même dans les tambours de l'orage des réponses aux défaillances de ta foi, dues à la froideur de l'abbé, à l'ombre bourrue qu'il avait jeté sur toi dès votre rencontre et qui ressemblait tellement, comme tu me l'as confié, à celle dont ton père avait couvert ton enfance. J'ai essayé de t'accompagner sur ce chemin panthéiste mais je ne l'ai pas pu. Ecrire des poèmes chaque jour et nous les lire, échanger des rimes et des rythmes nous a empêchés de nous éloigner l'un de l'autre et nous a unis par la poésie. Tu te rappelles ?... Le coude appuyé à la table, nous parlions jusqu'à la fin de la chandelle, à cœur ouvert, en désordre, comme si nous nous étions connus des années auparavant. C'était comme si nous avions accumulé davantage d'expérience que de vieux sages blanchis. Ici, ailleurs, nous continuons ce chœur fervent....

*

Le couple formé par Hippolyte de la Morvonnais et sa cousine Marie, née Macé de la Villéon, apparaissait aux yeux de tous comme si bien apparié que personne n'aurait eu l'idée d'en médire. Pourtant, une lettre de la jeune femme à son mari, qui sera connue plus tard par de singulières indiscrétions, semble couvrir d'une brume cette « légende dorée ». Il y est question d'un ami d'Hippolyte. S'agit-il de Maurice de Guérin ou de François de Marzan, tous deux soupirants de la belle ? On ne le saura jamais. La tonalité de cette lettre est étrange, à la fois tentative de consolation et fin de non recevoir à une demande sur laquelle on ne sait rien non plus…

« J'apprécierais cependant bien vivement le bonheur de faire passer dans ton âme les faibles impressions que la mienne ressent, et si quelques replis de mon cœur ne t'étaient pas connus, j'aimerais à te les dévoiler, mais non, mon poète chéri, ta Marie ne réussira pas : dis-moi pourquoi déjà elle tremble. Si j'avais eu le bonheur de te connaître plus jeune, ou du moins si nos premières années de mariage n'avaient pas été des années de douleur, tu aurais pu, en guidant un cœur que la curiosité a toujours retenu et même rendu quelquefois bien malheureux, le faire tout autre. Je te comprendrais mieux; ma conversation ne serait point pour toi si vide, j'aurais pu peut-être même t'être de quelque utilité ; du moins, j'aurais adouci cette tristesse qui s'empare quelquefois de ton âme, lorsque tu songes combien peu la comprennent. Oui, ces regrets sont bien vifs pour moi, aujourd'hui surtout que tu es à la veille de voir s'éloigner l'ami que tu chéris si tendrement, que tu nommes souvent ton frère, qui partageait tes travaux et te faisait partager les siens, qui remplissait si bien la solitude et te la rendait toujours gaie. Oh! oui, mon ami, je veux consacrer mes jours à l'adoucir, cet isolement où tu vas te trouver. Tu me parleras souvent de ce que tu fais, de tes projets, tu me liras toutes tes poésies. Je rêverai avec toi à l'avenir qui semble s'éclaircir ; nous nous promènerons sur nos côtes, sur nos grèves, dans notre joli petit bois où le chant d'un oiseau, une fleur nous arrête ; nous parlerons de ceux qui sont loin. Nous redirons ensemble ce qu'ils ont confié de joli, de si doux à notre souvenir, et tu atteindras l'instant du retour plus vite peut-être que tu ne l'espères. »

M. Macé de la Villéon, le père de Marie, s'était d'abord opposé au mariage de sa fille à cause de la vocation poétique échevelée du prétendant. Le droit étant la marotte des bourgeois dans ces temps chicaneurs, il fit promettre à Hippolyte de se faire pour le moins saute-ruisseau. L'apprenti Orphée tergiversa jusqu'au mariage, après lequel il alla s'enclore avec sa muse au château du Val de l'Arguenon, à Saint-Cast le Guildo, près de Saint-Malo, un lieu que les loups, par les nuits de pleine lune, ne dédaignaient pas de hanter.

*

Au Val, la cheminée de la grande salle du bas ronronnait en permanence. Marie était frileuse comme une chatte. Mais dès que revenait le beau temps, elle revêtait de longues robes de prêtresse druidique, qu'elle taillait et cousait elle-même selon des patrons léguées par une ancêtre des Macé de La Villéon. Alors, elle sortait très tôt le matin, s'appuyant sur un bâton de marche à tête de mouette rieuse. Sa démarche était à ce point légère et dansante qu'elle n'éveillait aucun écho sur le sol mais elle fomentait en revanche dans le cœur de Maurice un vacarme infernal qui le laissait aussi désemparé que s'il soupirait pour un ange au pied fourchu.

Hippolyte portait sur son grand nez pointu de fines lunettes sans lesquelles il devenait un Pierrot lunaire titubant dans des nuées perpétuelles. Son menton en archipel allongeait encore sa face plate encadrée par une chevelure de page emberlificotée de frisures en volutes qui effaçaient les oreilles, pendaient sur ses épaules comme des feuillages de saule pleureur avant d'aller s'engouffrer dans le col d'une redingote de drap noir.

Il attendait la gloire poétique mais il était dépourvu de la moindre étincelle de génie. M. de La Villéon chargea sa fille de demander à son mari de renoncer à écrire, qu'il n'y aurait après tout aucune honte à reconnaître sa défaite dans un genre futile. Mais il n'y eut rien à faire. Le pauvre poète, ne se sentant pas soutenu dans sa vocation par sa propre femme, en conçut un chagrin qui tourna au désespoir. S'obstinant, il rima une *Sapho* et une épopée en vers en 39 chants *Pharamond* qui resta en souffrance dans ses tiroirs et n'en sortit jamais, parce qu'il en sentait, lui le premier, toute la faiblesse.

Il leur vint une petite fille qui mourut au bout de quelques jours, laissant Marie désespérée et mûre pour un trépas précoce. Hippolyte commença alors insensiblement à détester sa femme. Il s'entoura de poètes qui crachaient, depuis leur Bretagne dévote, sur les gilets rouges des diables romantiques et qui accordaient leur lyre aussi pauvrement que lui.

Sa *Thébaïde des Grèves* révèle un talent sincère, émouvant par endroits, mais trop faible pour pouvoir résonner longtemps. Ces vers fragiles font parfois songer à ceux que Maurice, dans sa prime jeunesse, avait dédiés à l'ingrate Louise de Bayne, en particulier ce poème de *La roche d'Onelle*, qui fit sangloter

George Sand et que Darius Milhaud, beaucoup plus tard, devait mettre en musique.

En 1832, la naissance d'un second enfant, Elisabeth, ensoleilla le Val d'un tel éclat que le mari humilié retomba amoureux de sa femme. Mais pourquoi commit-il l'imprudence, d'inviter au château le séduisant François de Marzan, puis, l'hiver suivant, de le faire revenir en compagnie de l'archangélique Maurice, tous les deux ses anciens compagnons de la Chênaie ?

II

Lorsque d'une voix de baryton martin, entremêlée de trémolos, François de Marzan entonna *a capella* une ballade marine, Maurice crut voir briller une buée dans les yeux noirs de Marie.

Hippolyte écoutait, le front baissé. Toujours soigneusement rasé, son visage paraissait enduit d'une jaunisse hépatique.

La romance s'acheva sur un soupir qui résonna comme un sanglot qu'on étouffe. Hippolyte et Marie applaudirent ensemble à mains nues. Maurice avait gardé ses gants qui se heurtèrent mollement avec un bruit de papier froissé.

Sa jalousie l'égarait, le rendait injuste.

Revenant à lui, il alla féliciter son ami. En réponse, celui-ci le serra dans ses bras avec une énergie désespérée qui le surprit. Ses doutes se ranimèrent.

Le démon des solitaires

Une nuit, à la Chênaie, François avait vu sa muse sous les traits d'une jeune femme qui traversait les bois sans y laisser de trace et qui se penchait parfois pour cueillir une fleur. Si, au bout d'un chemin elle croisait un calvaire, elle suspendait sa course pour faire un signe de croix et dire, à genoux devant la pierre sacrée, de ferventes prières.

N'était-ce pas Marie qu'il lui décrivait ainsi sans pouvoir la nommer, à la fois nymphe et ange, unissant la nature et Dieu dans la même célébration fugitive ? L'aimait-il et, sous le masque d'une hôtesse attentive, ne dissimulait-elle pas, elle aussi, un ardent sentiment pour lui ?

Son rival repartait le lendemain. Maurice n'éprouva plus aucun remords de s'en réjouir.

*

Chaque nuit, allongé sur un lit de bois noir à torsades, les yeux rivés au mur, il pourchassait un rythme qui le fuyait mais dont lui parvenait quelquefois le souffle inouï entre deux bouffées de vent d'ouest.

Il s'était libéré du joug de Lamennais pour se livrer à un esclavage plus redoutable encore. A présent, il cueillait des fétus de légendes dans des flaques de lune, tuant le temps avec des rimes pour oublier qu'il aimait Marie d'une passion désespérée. Ou bien, il errait dans les bois de la propriété et, passant les arbres en revue, s'apercevait bientôt que ses espoirs d'en faire une armée en marche s'étaient évanouis avec ses illusions de vivre une autre vie que la sienne.

Tout le monde souffre, a souffert ou souffrira. Sa douleur à lui était particulière. Il essayait de sauver la face, de montrer un visage débarrassé du masque de la duplicité, de ne pas tricher avec la vérité.

Mais où résidait la sienne ?

Le pouvoir ? Il ne rêvait que de la royauté fragile des poètes.

L'amour ? Il avait vu avec Louise ce qu'il en était !

Le démon des solitaires

La gloire ? Un éclat de verre… selon le mot fameux de Nicolas Fouquet.

III

Deux jours avant son départ, Marie lui proposa gaiement une dernière promenade. Prenant cette invitation pour un encouragement à ne pas renoncer, à présent que François n'était plus là, il s'écria : « je vous suis ! » et tous deux s'en allèrent vers la côte sauvage par un chemin sinueux propice au ralentissement.

Les arbres nus se plaignaient avec des sifflements de scie. De temps en temps, une feuille épargnée se laissait tomber devant eux, fatiguée de lutter. Au détour du sentier, à travers les bosquets, étincelaient les yeux d'un animal errant et, ça et là, des éclats de soleil figeaient les arbres dégarnis dans la raideur d'une veillée d'armes.

Entre les troncs, Maurice crut voir un instant se glisser l'ombre de Louise et briller la robe en soie bleue qu'elle portait quand elle lui avait signifié d'une voix trop douce son ferme refus de l'épouser. Mais il ne voulait plus y songer, tout à son éclaireuse, la femme de son ami.

Marie l'interdite.

*

Arrivés au-dessus de la mer, ils avancèrent à petits bonds prudents le long des rochers dressés comme des proues. En bas, les vagues se soulevaient dans des échos de souffleries d'orgues, des grondements de cavalerie tandis que, lancées à l'assaut des falaises, les mouettes s'égosillaient comme des lavandières se donnant du courage.

Silencieuse comme dans un temple, Marie offrait à son compagnon d'escapade un profil de camée d'ivoire. Elle était terriblement pâle comme si quelque vampire invisible lui avait soutiré plusieurs pintes de sang et paraissait lointaine, livrée à elle seule sur ce promontoire bleu, indifférente à tout, sauf à la mer que la marée avait mise en marche.

Le démon des solitaires

- Avant de venir au Val, dit Maurice pour briser ce mutisme auquel Marie cédait avec trop d'abandon, j'étais pétri d'orgueil. A la Chênaie, j'ai tant étudié qu'il me semble parfois avoir lu tous les livres. Mais, ici, près de vous, j'apprends ce que le savoir livresque n'enseigne pas, bien qu'il soit nécessaire. Oui, Marie, je suis encore un écolier de la vie, je ne me fais pas au monde adulte qui m'attend. J'ai passé les plus belles années de ma jeunesse dans les geôles des collèges puis je suis entré dans la cohorte de Lamennais, ce qui m'a permis de rencontrer Hippolyte. Aussitôt, nos esprits se reconnurent. Vous connaissez les projets d'écriture et de combat qui nous ont réunis. J'ai plusieurs fois fait la tournée de vos fermes en sa compagnie et j'ai vu les effets de sa bonté sur les paysans malheureux, sa simplicité franciscaine. J'ai constaté combien il est aimé…

- Vous l'êtes aussi, l'ignorez-vous ? s'écria Marie en l'enveloppant d'un regard qu'il voulut croire maternel, comme chaque fois qu'une femme s'intéressait à lui.

Le démon des solitaires

Sur le chemin du retour, des enfants surgirent, portant des paniers remplis de coquillages et ils leur demandèrent s'ils pouvaient en goûter quelques-uns.

Sans se faire prier, les petits mareyeurs leur en offrirent en chantonnant de leurs voix clairettes :

- Prenez, Madame ! et vous aussi prenez, Monsieur !

Marie leur dit ensuite:

Nous sommes du Val, allez-y vite, on vous donnera des pommes, ce qui fit s'égailler la troupe légère en direction du château.

Celui-ci n'était plus très loin. Marie avait retrouvé sa gaieté avec cet épisode. Sur un sentier qui longeait le flanc du coteau, les corbeaux de l'automne surgirent en nuées noires au-dessus de leurs têtes.

Elle s'arrêta pour les voir puis elle dit qu'ils lui procuraient un plaisir mélancolique, comme celui du jour finissant. Il n'y avait pas trace de tristesse dans ces mots mais, au contraire, quelque chose d'assuré, d'évident, comme si elle savait qu'il partageait son émotion.

Il la regarda dans les yeux. Ils étaient noirs et pourtant clairs à cause de la buée qui les couvrait. Lui-même se sentait gagné par la nostalgie de cette journée sur le point de se clore comme une parenthèse enchantée et ce moment vécu près d'elle résonnait en lui comme une sérénade.

∗

La lune était déjà haute lorsque, depuis le bord de la terrasse, Marie appela Maurice dans un murmure éblouissant.

De là où il se trouvait, immobile et transi, il défaillait comme s'il l'avait surprise au bain. La blanche nudité de la jeune femme frissonnait sous le lin.

« Adieu, adieu, adieu » dit-elle et il devina ces paroles pleurées plus qu'il ne les entendit « vous partez et moi aussi, je partirai bientôt, d'une manière ou d'une autre, et ce que nous vivons tous les deux ici bas, en ce moment précis, ne se reproduira plus que dans la mémoire du vent. »

IV

Il y avait des jours au Cayla, où rien ne
traversait la vie d'Eugénie, sauf un vol de corbeaux,
juste au bord de la nuit dont ils sont les messagers
criards ou, plus gaiement, dans la lumière un passage
d'hirondelles, annonciatrices du printemps. Et,
pourtant, de ce rien, elle tirait ces feuillets couverts de
sa fine écriture appliquée et précise, elle œuvrait
patiemment pour le changer en images, en
sensations, en prières.

Elle haïssait la boue qui colle aux sabots, la
terre nue où l'on cache les défunts comme de la
poussière sous le tapis mais elle aimait follement cette
neige qui recouvrait le bord de sa fenêtre et dont le
retour chaque hiver la plongeait dans une joie
enfantine.

Sur les pages de son petit cahier cousu, les
traces de ses mots ressemblaient aux figures que
laissent les petites pattes rouges des oiseaux, pareilles

à des « crayons de corail », sur les grands chemins blancs.

*

Elle décacheta en tremblant la lettre que le meunier Malric lui avait apportée tout à l'heure. Elle était d'Hippolyte de la Morvonnais.

Dès leur rencontre, Maurice avait montré à son ami les lettres d'Eugénie, tout comme il avait lu à Marzan les siennes, adressées à Louise. Il avait comme cela de ces « impudeurs », persuadé que les correspondances qui s'échangent sont les miroirs les plus fidèles des êtres. Hippolyte y avait immédiatement discerné l'épanchement d'une âme compatissante et il avait entrepris à son tour d'écrire, sans la connaître, à la recluse du Cayla.

Par la suite Eugénie avait correspondu aussi avec Marie, sa femme. Or, celle-ci venait de mourir au Val, à vingt-six ans, laissant le veuf inconsolable avec une petite fille de deux ans. Les lignes d'encre pâle de la défunte, mêlées de larmes à la fin, résonnaient comme des appels au secours lancés depuis un rocher en pleine mer. Depuis que Marie n'était plus, Hippolyte se plaignait de ne plus prier qu'en claquant des dents, mécaniquement et sans comprendre ce qu'il disait. Il suppliait Eugénie : « Parlez-moi d'elle, écrivez-moi souvent, vous avez des tours de langage qui me la rappellent au vif. »

Décidée à se faire encore une fois la consolatrice d'un affligé, elle l'invita au Cayla et, quelques jours plus tard, elle reçut sa réponse : il acceptait avec reconnaissance.

Mais il ne vint jamais au rendez-vous. La ressemblance dans les façons de parler particulières de Marie et d'Eugénie et l'insistance de celle-ci, qui avait peut-être un rêve derrière la tête, l'avaient sans doute dissuadé de tenter l'aventure.

Le démon des solitaires

V

Tandis qu'il écrivait à l'intention d'Hippolyte une longue méditation sur la mort de Marie, Maurice était de nouveau saisi par la fièvre. Des frissons glacés le parcouraient. Sa songerie funèbre se perdait dans les ténèbres en même temps que la nuit tombait. Ses yeux ne quittaient pas le ciel du soir brouillé par la vitre, fixant les étoiles mortes qui renaissaient une à une sur la voûte de cet univers incompréhensible dont la disparue détenait à présent la clé.

La réponse à la grande interrogation.

Le fin mot de la charade humaine.

A peine un an plus tôt, Marie évoluait dans la réalité trompeuse d'ici bas. Maintenant, pour la retrouver, il devait s'efforcer de remonter aux sources mêmes de la nature, là où l'être de Marie s'agrégeait à l'universel. L'odeur de son souvenir restait intacte, incarnée par la vibration d'une harpe de hêtres, son arbre préféré avec l'amandier chéri de son enfance.

Le démon des solitaires

Il l'entendait parler tout bas dans les mouvements secrets d'une plante barbare dont le duvet follet remuait sous la brise comme naguère sur les bras nus et blancs de la défunte. Dans le dessin fugitif d'un feuillage, il découvrait les seins de lait qu'il n'avait fait qu'imaginer, et, respirant les branches lourdes, il y portait enfin ses lèvres d'enfant veuf.

Il avançait dans le souvenir de la bien aimée comme dans une clairière. Les empreintes de la jeune femme, sa démarche ralentie, sa voix récitant un poème de Lamartine ou s'adressant aux petits mareyeurs, demeuraient inscrites dans tout ce qui porte le sceau d'une transformation décisive.

*

Quand il se réveilla, il se trouvait au Cayla. Un flot de lune baignait sa chambre. Il se mit à tousser par saccades caverneuses qui enflammaient sa poitrine et de sa gorge.

Le démon des solitaires

Les yeux clos de la morte aux paupières bombées, ses mains jointes tenant un crucifix de nacre où s'entortillait un chapelet et ses lèvres entrouvertes, encore pleines de sang dans cette blancheur de vierge que surmontait le haut front encadré par les bandeaux de la chevelure couleur de goémon, tout cela était imprimé en lui avec la force de témoignage.

Il était au Cayla mais il gardait la certitude de revenir à peine de l'alcôve où reposait son impossible amour. Alors il entendit, transi, une voix lui souffler : « Allons, tu n'es qu'un imposteur ! C'est François de Marzan qui s'est chargé de la veiller et qui, avec Hippolyte, a porté le léger cercueil jusqu'au cimetière de Saint-Potan. »

*

Un concert d'aboiements s'éleva soudain de la rue. Tout d'abord rauques et ralentis, ils se firent bientôt sifflants et suppliants. Par la grâce d'un chien perdu qui hurlait à la lune, Maurice se souvint d'une confidence de Marie qui semblait la ravir.

- C'était quelque temps avant votre arrivée au château. Sortant du bois, un loup s'aventura plusieurs nuits de suite jusque sous mes fenêtres. Il poussa un seul cri farouche qui ressemblait à un râle humain. Je n'en ai pas été effrayée. Au contraire. Je me suis approchée de la vitre. Je l'ai ouverte et je me suis penchée. On aurait dit que le loup attendait ce moment. A la faveur du clair de lune, je vis luire ses yeux comme deux escarboucles. Il était assis, attentif et tranquille, les oreilles dressées et la gorge tendue, comme offerte. Il se taisait et son silence était assourdissant. Il ne me lâchait pas de son regard éperdu, d'une timidité sauvage. C'était comme s'il n'avait désiré que cela, que je lui apparaisse. Après quelques minutes, il retourna en direction du bois, non sans m'avoir lancé un dernier cri, apaisé cette fois, presque joyeux, comme une promesse d'au revoir. Mais il n'est jamais pas revenu.

Le démon des solitaires

Maurice entendait de nouveau la voix troublée de Marie racontant cette histoire, une voix soudain plus basse, plus intime, mouillée d'une émotion qu'elle ne pouvait contenir.

Puis un long rire l'avait agitée :

- Je me dis quelquefois qu'un génie malicieux se cachait peut-être sous l'enveloppe de cet animal errant et pourchassé qui avait risqué sa vie pour m'apercevoir un instant.

Il avait tressailli. Son amour pour Marie ne ressemblait-il pas à cette parade sauvage ? Elle avait passé la frontière la première. Mais il ne tarderait pas à la suivre et cette pensée, loin de l'effrayer, l'encourageait à vivre plus haut et plus intensément.

Il avait fini sa lettre à Hippolyte. Avec cette longue méditation, ce message d'amour spirituel envoyé outre-tombe, Maurice avait accompli son premier grand poème mais, pour cette épiphanie, il s'était fait l'interprète d'un deuil qui ne lui appartenait pas.

Le démon des solitaires

Peu après l'avoir lue, Hippolyte s'éloigna de lui comme il l'e fit avec Eugénie, ne répondant plus à ses lettres que par des billets secs préludant au silence.

Déçue, désemparée de voir s'échapper une proie spirituelle de premier choix, l'oiselière écrivit dans son Journal en mai 1837 : « C'est un homme à s'enfoncer de plus en plus dans son deuil et dans son Val jusqu'à ce qu'il en meure d'isolement et de tristesse. »

Rhapsodies

Le démon des solitaires

I

En ce mercredi de mai 1835, un dandy magnifique s'avançait tel un satrape sur le boulevard des Italiens. Cet épigone de Brummel portait un habit à basques aux larges revers avec gilet de piqué et pantalon de casimir beige.

Il s'appelait Jules Barbey d'Aurevilly. Il avait vingt-sept ans et il était originaire de la presqu'île du Cotentin.

Il était perdu dans ses songes quand, débouchant de nulle part, quelqu'un le heurta de plein fouet, manquant le faire tomber. Il attrapa le maladroit par la manche avec la furieuse envie de lui mettre son poing dans la figure mais, après l'avoir dévisagé, sa colère se changea en ravissement et il s'exclama d'une voix de prophète qui résonna si fort que des passants se retournèrent :

- Mon Georges !

Le démon des solitaires

« Georges », c'était ainsi que Maurice s'était présenté le premier jour de leur scolarité commune au Collège Stanislas, dix ans plus tôt. Depuis, après avoir songé à signer ses œuvres de son premier prénom, celui de Lord Byron, il s'était rabattu sur le second qui lui correspondait mieux.

Il arborait en effet la matité d'un Maure ou d'un Indien d'Amérique, la paupière bistre, l'œil café, les cheveux longs, d'un noir d'aile de corbeau, flottant sur son cou mince et délié et déjà rares sur le haut du front. Enfin, de larges favoris d'ouvrier lui donnaient un air farouche et affairé.

- Guérin ! C'est bien vous ! Je ne vous avais pas oublié depuis nos années Stanislas car vous n'êtes pas de ceux qui se laissent oublier. Ah, combien de fois j'ai pensé à notre double pupitre, quand nous échangions des poèmes sous son manteau de peuplier ! J'ai souvent voulu vous écrire mais j'ai été pris par le tourbillon de la vie. Enfin, nous voilà de nouveau réunis face à face après l'avoir été côte à côte.

Le démon des solitaires

Pour couper court à l'émotion qui lui montait aux yeux et, parce qu'à rester immobiles au milieu du boulevard, ils gênaient la circulation, il prit par le bras son ami retrouvé et l'entraîna vers le café le plus proche. Il éprouvait jusque dans ses os la joie véhémente de cette rencontre impromptue et il comprenait mieux l'élan qui l'avait poussé jadis vers ce garçon silencieux, situé à ses antipodes spirituels et géographiques, mais lié à lui par un même amour fou de la poésie. Cet enthousiasme amical immédiat auquel on ne peut pas résister, cette exaltation subite des sentiments, Jules se les croyait interdits avant de le connaître.

Ils s'attablèrent au soleil et burent du vin blanc de Moselle jusqu'à ce que la tête leur tourne.

II

Le 2 Janvier 1836, Barbey se leva à neuf heures, l'heure de son aube à lui, puis rasé, coiffé, habillé, il guetta sa jeune maîtresse, Armance du Vallon, en se retenant de hurler.

Dès qu'il reconnut son pas dans l'escalier, ce tintement de bottine si ferme, si décidé, il courut vers la porte et l'ouvrit juste à temps pour recevoir la marquise dans ses bras. Elle poussa un cri de surprise et de dépit. Par ce geste, il reprenait la main, lui lançant le défi de le rendre encore plus soumis et plus obéissant. Mais elle était prête à relever le gant et le lui fit bien voir pendant deux heures d'horloge.

Elle le laissa épuisé, pantelant, dévasté par ce corps à corps barbare. « Une dévoration... » A plusieurs reprises, il avait tenté de prendre le dessus mais elle avait repoussé son audace en riant, les lèvres retroussées sur ses dents qui brillaient.

Le démon des solitaires

L'aimerait-elle un jour ou bien continuerait-elle à se servir de lui comme d'un jouet docile ? Peut-être était-ce quand même du bonheur ! Il se sentait lâche, défait, abandonné à son destin, dérivant au fil de l'eau. Comme un Prométhée de carnaval, il s'était livré sans combattre à l'acharnement carnassier d'un vautour en jupons. Cette pensée le plongea dans une tristesse dont il n'entrevoyait pas le terme, un chagrin qui l'engloutissait peu à peu dans des sables mouvants.

Il somnola ainsi quelque temps. Des phrases, une vague intrigue, lui arrivaient par bouffées comme s'il écrivait une romance en rêve. Dehors, la neige n'avait pas fondu et, sur la vitre s'obstinaient des brouillons de brouillard. Puis la nuit tomba comme une masse. Il alluma une chandelle et se fourra au lit dont les draps exhibaient de troublants froissements.

*

Le démon des solitaires

Le lendemain, tout recommença. Le départ de sa bourrelle l'abandonna dans le même état que la veille. Tant que cela l'amuserait, la *marchesa* (il l'appelait ainsi parce qu'elle était effectivement marquise) reviendrait le hanter! Il fut content de ne pas avoir de pistolet. Il regarda par la fenêtre la neige salie comme son âme. Il se croyait civilisé mais, en amour, il n'était qu'une brute. Il ne désirait qu'une chose en cet hiver de sa raison : faire de son amante sa « femelle ». Chimère inaccessible, il le savait, mais il en dégusta l'idée quand même ! Il y avait pourtant pire que ce désir sauvage de la soumettre : il l'aimait, voilà tout, follement, humblement, parce qu'elle lui apparaissait comme une déesse. Descendue de son autel, réduite à sa merci, il n'aurait plus éprouvé pour elle qu'un désir de pitié, indigne d'elle et de lui.

Le 4, il resta couché. Il n'avait pas la force de se lever. Cette vie horizontale lui procurait l'impression de faire la planche sur le temps. Il rêvassa jusqu'à trois heures de l'après-midi et il écrivit à Maurice dont il attendait le retour avec une impatience de plus en plus douloureuse. Il se livra ensuite à de menues besognes, d'autres lettres, des réflexions sur l'écriture qui avaient pour principal mérite de différer l'œuvre qu'il sentait fermenter en lui. Mais il n'arrivait pas à se débarrasser de sa peau de serpent romanesque, à muer vers l'universel. Son infirmité provenait de son incapacité à sortir de lui-même, à congédier de son imagination les modèles qui le torturaient.

Comment agir ? La question résonnait lugubrement à ses oreilles. Il ne trouvait aucun moyen d'y répondre que par cette léthargie qui faisait écho à son absence de position dans le monde.

Le démon des solitaires

III

Après un court séjour en Normandie, improvisé pour s'éloigner de la Du Vallon, il revint à Paris et, le 17 janvier, il remontait fièrement le boulevard des Italiens au bras de Maurice enfin rentré.

Le 22, anniversaire de la naissance de Lord Byron, ils allèrent diner ensemble chez Tortoni. Maurice affichait la physionomie contrainte d'un homme qui souffre, muré dans le silence. Il ressemblait à l'un de ses ancêtres vénitiens, ses beaux cheveux noirs mettant un nuage d'orage sur sa tête un peu penchée. Deux ou trois fois, aux plaisanteries gauloises de Jules, il éclata d'un rire assourdi qui, remontant du fond de sa gorge, en sortait en une succession de hoquets convulsifs puis il retomba dans sa mélancolie.

Barbey était au martyre d'assister à la détresse de son ami qui lui rappelait tellement la sienne ! Son séjour à Saint-Sauveur ne l'avait pas guéri de sa passion comme il l'espérait et son cœur saignait encore entre les serres d'Armance.

*

IIs parlèrent jusque très tard dans leur chambre de l'Hôtel de Valence. Ces entretiens sans cesse recommencés et qu'aucune séparation n'avait pu interrompre étaient le meilleur des remèdes et leurs douleurs croisées s'apaisaient dans cet entrelacement.

Comme s'il était mu par une force invisible, Barbey se redressa sur sa chaise en criant :

- La poésie, Guérin, c'est l'énergie ! Seule la poésie vraie accède à la haine et elle n'a de sens puissant que dans la révolte.

Les yeux mi-clos, il poursuivit :

- Le poète n'en sait jamais trop, il ne travaillera jamais assez, il faut qu'il soit présent à tout et que, pour s'orienter, il sache où en est le monde aujourd'hui et quelle heure il est sur terre. On prétend que la poésie est une occupation de jeunes gens et qu'ensuite, il faut passer aux choses sérieuses, c'est-à-dire aux choses qui se vendent et s'achètent. Or, n'est-ce pas dans le poème que les mots s'incarnent avec le plus de réalité et le plus de présence ? Et ne sont-ils pas les personnages les plus vrais, les plus touchants ? Combien d'entre eux sont morts en attendant qu'on aille les repêcher ! Oui, mon petit Maurice, chaque jour je remercie les Muses de leurs faveurs. Ecrire demeure mon exercice préféré, au sens spirituel du terme. Je le pratique de préférence la nuit. Vous savez que je dors peu, et pour moi, le halo d'un bougeoir est l'éclairage le plus propice à la création.

*

« Qu'il est fatiguant et dangereux de regarder le monde! A force, on ne voit rien que la vanité et la banalité monotone de tout ! » songeait Maurice. L'enthousiasme sonore de Jules lui avait donné le cafard. Il s'exerçait depuis quelque temps à perdre la mémoire, cette ennemie farouche qui ramenait sans cesse depuis les fonds de son passé des souvenirs pareils à des statues antiques, mutilées, rongées de sel et les yeux vides.

Certaines nuits, il errait dans les rues, au hasard, durant des heures. Mais ces plages désertes n'étaient qu'une succession de ruses et de pièges, le miroir aux alouettes d'un purgatoire dérisoire.

La nuit préfigure notre vie d'outre-tombe, une vie dont toute perspective sera bannie, où des lumières artificielles clignoteront sans cesse comme les battements d'un cœur désaccordé.

Barbey avait-il raison de la choisir avec tant d'assurance comme terrain d'écriture ? Lui, il éprouvait jusqu'au dégoût les prestiges trompeurs de ce temps de ténèbres où l'on a l'impression de ne pas vieillir, où tout, brusquement comme en un rêve, peut vous être offert ou retiré.

Le démon des solitaires

IV

Maurice était déjà attablé à la terrasse de Tortoni, perdu dans la contemplation du fond de sa tasse comme s'il observait un ciel nocturne, quand Barbey arriva au rendez-vous.

Le soleil se couchait avec des paresses obliques et des nuées d'étourneaux chantaient dans les marronniers du boulevard.

- Vous êtes là depuis longtemps ?

- Non, que prenez-vous ?

- Du genièvre, comme d'habitude. Alors, le Cayla, c'était comment ?

Maurice éluda sa réponse en quelques phrases distraites. Comme chaque fois qu'il avait quitté le château rêvé de son enfance, il se trouvait plongé dans un incurable exil. Même à La Chênaie, même au Val de l'Arguenon, chez Marie de la Morvonnais, il n'avait pu rompre les liens qui l'attachaient au pays de ses premières années.

Le démon des solitaires

A Paris, il entretenait quelques relations aimables, Berryer, Gaudin, et surtout Jules, qui le distrayaient de sa mélancolie sauvage mais aucun amour vivant n'occupait son cœur blessé. Depuis la disparition brutale de Marie, il s'était voué à son souvenir et dans chaque passante, pourvu qu'elle fût grande, brune et pâle, il croyait l'apercevoir et s'exténuait dans ces mirages toujours renouvelés.

- Que diriez-vous de m'accompagner demain à la campagne ? demanda Barbey après avoir avalé d'un trait son verre de genièvre, amer breuvage dont il faisait une consommation déraisonnable mais que son estomac supportait mieux que les autres alcools, sans doute parce qu'au nom de cette liqueur qui évoquait la reine Guenièvre, son âme de chevalier s'exaltait. J'ai loué une maison au bord d'un petit lac dans la forêt de Rambouillet. De votre chambre, vous pourrez voir des rochers et rêver à la mer. Ecrire aussi, peut-être. Quelqu'un ou plutôt quelqu'une nous rejoindra.

Le démon des solitaires

Maurice fronça les sourcils en entendant Jules nommer son invitée. Cécilia Métella. N'était-ce pas le pseudonyme d'une fille de joie ?

- Non, rectifia Barbey en se rengorgeant, d'une courtisane ! La plus belle et la plus recherchée de Paris. Je l'ai rencontrée chez un confrère dont je tairai le nom mais quand je vous dirai que ce petit homme au front monstrueux se prend volontiers pour Napoléon et que son prénom signifie « victoire », vous aurez compris de qui il s'agit. A cette époque, notre Roméo venait de rencontrer sa Juliette et il avait mis sa femme dans une parenthèse où notre petit Sainte-Beuve, fort de son *Volupté*, ne devait pas tarder à se glisser en douce. J'étais donc venu chez cette théâtreuse pour voir un peu à quoi elle ressemblait. Eh bien, je ne fus pas déçu. Elle est belle comme une nuit d'étoiles. Elle rayonnait au bras du jeune chef des Romantiques et je me suis souvenu qu'elle avait été sur le point de se tuer pour cette horreur d'Alphonse Karr ! Juliette Drouet avait une amie de cœur qu'elle poussa dans mes bras, une jeune femme en robe Directoire que je nommais aussitôt « Cécilia Métella » en souvenir d'une tombe que j'avais vue à Rome. Nous devînmes inséparables pendant votre absence et j'ai eu tout loisir d'admirer son courage à supporter la honte. Je l'ai aidée à la dompter, j'ose le dire, mais il m'a fallu beaucoup de soin et même de ruses pour que je comprenne tout ce que sa chienne de vie lui avait fait subir. Elle n'en gardait pas la moindre marque apparente tant elle se dominait pour continuer à plaire à ses galants. À dix-sept ans, elle avait eu un enfant de hasard, que ses parents lui ont enlevé et qui vit encore, elle ne sait où. Puis elle est entrée comme par effraction dans une maison close, tout au bas de l'échelle, et elle en a gravi les degrés à mesure que ses talents devenaient fameux. Quand la coupe de venin s'est changée en or, elle s'est mise à son compte et, depuis, elle est connue comme une louve blanche dans le Faubourg. Voilà, vous savez presque tout. Je lui ai parlé de vous et elle brûle de vous rencontrer.

Le démon des solitaires

*

Une heure plus tard, ils revinrent lentement chez eux.

Maurice avançait comme s'il affrontait de face la fureur du vent d'ouest. Sa démarche était infiniment lasse, il traînait les pieds, courbait l'échine et laissait choir ses épaules, cassé par une douleur trop pesante pour lui.

Jules le suivait à peu de distance, prêt à le secourir, inquiet de ne plus reconnaître le héros triomphant qui, naguère, se frayait sans entraves un chemin dans la foule. Il avait entendu Maurice lui parler de Marie de la Morvonnais mais avec tant de délicatesse et de circonvolutions qu'il ne savait trop quoi penser de cette passion chaste. Avait-elle été pour lui une sorte d'apparition le dispensant de pousser plus loin son avantage ? Pour vivre leur bonheur, ils avaient dû se contenter de promenades enchantées dont la dernière leur avait fait tutoyer l'infini au bord de l'océan. Maintenant qu'elle n'était plus au ciel qu'une constellation d'atomes, Barbey s'interrogeait. Et si, grâce à sa mystérieuse atonie, Maurice ne cherchait pas à la rejoindre sans mourir tout à fait ? Comptait-il par son épuisement rejoindre la disparue, échanger avec elle les anneaux d'un mariage spirituel qui ne devrait plus rien à la terre ? De cette façon, il ne trahirait pas Hippolyte dont Jules avait lu des poésies qui ressemblaient à des traductions de Wordsworth revues par Brizeux, le doux barde breton.

Maurice entretenait la flamme d'une vestale que la mort avait rendue vierge à l'éternité. Là où elle vivait désormais, elle était aussi solitaire, aussi libre que lui, aussi détachée peut-être.

Le démon des solitaires

V

Soutenue par Jules, Cécilia Métella chancelait sur le chemin poussiéreux constellé de cailloux. Le voyage l'avait exténuée mais, malgré ses traits accusés par la fatigue, elle apparut à Maurice d'une beauté nouvelle pour lui. Ni oie blanche capricieuse comme Louise de Bayne, ni « Vierge à l'enfant » comme Marie de la Morvonnais, mais une femme de trente ans, d'un superbe maintien en son printemps.

Elle portait sur son front un réseau de fines rides pareilles aux résilles d'une mantille. Des ombres roses marbraient ses joues et sur ses longues lèvres couleur de grenade mûre flottait un permanent sourire, empreint d'une tristesse venue d'indicibles bas-fonds. Aucune joliesse ne la vulgarisait, aucune pudeur ne l'affadissait. Elle s'offrait telle que la vie l'avait façonnée à force d'échecs et de renoncements. Sur sa chevelure de bohémienne, elle avait posé une guirlande de perles comme une couronne sauvée de son royaume nocturne.

Maurice n'était pas habitué à ce genre de créatures parce qu'il n'en attendait rien que de la peur et du remords. Mais, hors du contexte où se mouvait d'habitude cette belle de nuit, il pouvait l'envisager dans toute sa singularité. Parée de ces prestiges de déploration silencieuse, elle évoquait irrésistiblement une sainte de l'abîme, dans le genre de Marie l'Egyptienne, et il sentit s'émouvoir tout son corps et son âme dans un même élan de piété et de pitié mêlés.

Elle ressemblait aussi à une Bacchante solitaire, à une Oréade égarée, à une Nymphe abandonnée sur le bord d'un ruisseau, si faible et pourtant triomphante, perdante magnifique. Comment lui résister ? Jules l'avait-il fait ? Pourquoi l'avait-elle suivi jusqu'ici, dans cet antre sauvage, à des lieues de toute présence humaine ? Etait-ce de l'amour ou bien l'une de ces amitiés de camarade qui peuvent exister parfois entre deux êtres qui s'aiment mais ne se décident pas à franchir le pas ?

Tout à l'heure, à table, pendant le premier repas partagé avec elle sous la tonnelle de la terrasse, Jules a surpris un regard étrange de Maurice sur leur invitée. Ses paupières rapprochées comme celles d'un mourant laissaient filtrer des œillades ralenties entre leurs cils effilés. En louant pour lui cette retraite forestière et en y faisait venir Cécilia, il n'aurait jamais imaginé assister à ce spectacle.

Se sentant observé, Maurice a secoué la tête comme un étalon qui encense et il s'est détourné avec un soupir. Pour dissiper le malaise, Jules a prôné la possibilité d'une amitié sincère entre un homme et une femme, pourvu qu'il soit fort et qu'elle soit pure, appuyant sur cet adjectif-là comme s'il était fait exprès pour cette courtisane puis il a poursuivi longtemps, s'enivrant de ses phrases et prenant dans ses filets d'oiseleur ses deux auditeurs interdits.

Une main posée sous le menton et l'autre taquinant une mèche de cheveux rétive, souriant à demi et paraissant soucieuse, Cécilia écoutait cet homme qui depuis qu'elle exerçait son métier d'étoile filante, veillait sur elle, la soutenait sans rien demander en échange, juste pour le plaisir de se reposer de sa guerre permanente avec le sexe opposé.

Quand il lui avait proposé de rencontrer son plus cher compagnon, un poète de génie dont on entendrait bientôt clamer le nom partout, elle avait battu des mains comme une enfant que l'on vient de surprendre par un cadeau inespéré et, dès qu'elle l'avait vu venir à sa rencontre, se tenant humblement dans l'ombre de Barbey, elle était tombée en amour de son buste mince et souple, de ses mains hâlées et vigoureuses mais surtout de son silence fier quand, appuyé sur son bâton de pèlerin, il lui avait donné l'accolade.

Maurice songeait à toutes ces femmes qui peuplaient la vie de son ami. *Mille e tre* », comme le chantait Leporello dans le *Don Giovanni* de Mozart. Toutes pour Jules, pas une seule pour lui ! Lui, qui ne savait rien de ces amours sauvages et qui n'osait pas même en imaginer les délices.

Mais de quelles précautions Jules entourait-il Cécilia ! Il agissait avec elle comme avec un miracle vivant, un mirage que la moindre brusquerie, la moindre contrariété, risqueraient de dissiper.

Ainsi, pas une seule fois, durant tout le souper, dans la grande cuisine au plafond bas si semblable à celle du Cayla, elle n'a eu à tendre le bras pour prendre la miche de pain ou la jatte de lait. Prévenant le moindre de ses gestes, il s'empressait de la servir et, plus tard, devant la cheminée où flambait un bon feu de sarments, il la couvait des yeux. Lui, si calme et si grand, se faisait tout petit devant elle. Il était le père mais aussi l'enfant de cette muse errante. Et quand elle a voulu se retirer dans la chambre du rez-de-chaussée, trop lasse pour monter l'escalier avec lui, il l'a raccompagnée jusqu'à la porte et lui a souhaité bonne nuit en la couvrant de son manteau car elle frissonnait sous sa tunique.

VI

Le lendemain, après le souper, Cécilia pria Maurice de faire avec elle le tour du petit lac. Au bout du chemin qui partait de la maison de bois, l'eau brassait des rumeurs régulières comme un chœur grégorien. Maurice se taisait pour ne pas briser la communion fragile qui l'unissait à la jeune femme et qui lui rappelait ses dernières heures passées avec Marie.

- Et si nous rentrions ? demanda-t-il comme s'il se doutait du but réel de cette balade nocturne.

- Pas encore. Il faut que je vous parle.

- Mais Jules va s'inquiéter ?

- Ne vous en faites pas, il écrit dans sa chambre et je lui ai dit que nous risquions de revenir tard.

Dompté, Maurice lui emboîta le pas. Il avait toujours été fâché avec les heures et vivait comme avant l'invention des cadrans solaires, des sabliers, des horloges et des montres à gousset. Pour lui, le temps était un fleuve ininterrompu tout comme la poésie. Cécilia n'avait jamais rien lu de lui. Elle ne connaissait de ses œuvres supposées que ce que Barbey lui en avait dit. De vagues synthèses. Des images isolées. Des rimes détachées. Des bribes. Des bagatelles. Pourquoi lui cachait-il le cœur, l'essentiel de sa vie ?

Elle lui prit la main et il la laissa faire. Ils continuèrent d'avancer comme des écoliers buissonniers, les doigts entrelacés, en balançant leurs bras au même rythme tandis que le sable glissait sous leurs pieds. Ils semblaient esquisser un même pas de danse, furtivement inscrits dans les rêves mêlés de l'eau et des ombres.

Elle l'entraîna vers une barque échouée et ils s'y assirent, éclairés par un rayon phosphorescent comme la vérité :

- Mon cher ami, vous vous dites poète, vous proclamez même partout que ce terme flamboyant vous définit le mieux mais où sont vos poèmes ? Ne suis-je donc pas digne de les aimer ? Il est vrai que j'escorte pour vivre quelques riches créatures vers leur décrépitude, mais me croyez-vous seulement propre à réveiller de mes baisers ces corps flapis? Il est vrai aussi que mes étreintes sont réputées dans certains cercles de cet enfer qu'on appelle Paris. « La Méduse », n'est-ce pas le nom que l'on me donne pour la bonne raison que j'ai l'art de changer les sexes d'hommes en pierres levées ?... Allons, voilà que vous rougissez comme un enfant ! Comme si je ne savais pas que vous êtes la virilité même sous vos airs androgynes ! Mais je ne vous demande pas de me montrer votre désir, j'en lis la preuve dans vos regards devenus brusquement sombres et lourds. La lune m'en révèle assez la dureté ! Non, récitez-moi là, tout de suite, l'un de vos poèmes, l'un de ceux qui vous résume le mieux... Pourquoi vous taisez-vous, orgueilleux obstiné ? Craignez-vous que je ne le comprenne pas ? Essayez quand même ! A Paris, pendant mes nuits de fêtes tarifées dont Jules encaisse la monnaie non sans reproches amers, il est arrivé que des artistes se joignent à mes ébats.

Quelquefois, des gens comme vous, des poètes, des chanteurs, des pousseurs de romances, des baladins de la belle étoile, des accordéonistes lunaires, des bardes ruisselants dont les mots sublimes se noyaient dans leurs gorges nouées. Alors, ils me voyaient, ils reprenaient force et courage au sein de mes émotions. Et leur puissance retrouvée se déployait sans frein dans mon embrasure. Ah, Maurice, si vous saviez comme ils s'y abreuvaient et comme je leur appartenais davantage qu'aux autres, les importants, les politiques ! Avec quelle volupté, dans les bras de ces pauvres, de ces perdants, je me vengeais des horribles clients qui me payaient rubis sur l'ongle pour exister une heure entre mes longues jambes !

- Que vous répondre, Cécilia ? bégaya Maurice en cachant sa bouche qui tremblait. Quand je suis à ma table, devant la feuille vierge, je me sens sûr de mes pensées. Elles m'apparaissent ordonnées, riches et claires, prêtes à se donner à ma plume mais, dès que je les exprime en public, rien ne va plus et j'oublie en un instant ce que je voulais dire. Nous aurions dû nous contenter du silence, mon cher silence, mon « chez moi ». Je vous y aurais reçue comme une reine au lieu que vos paroles, si touchantes fussent-elles, m'ont mis dans la tête du bruit et de la nuit. Je n'ai ni la force vitale ni l'abattage verbal de Jules. Un jour, au collège Stanislas, je lui ai offert un petit portefeuille en cuir blanc de Russie où j'avais écrit, je cite de mémoire :   « Souvenez-vous que vous avez affaire à un malheureux » ou quelque chose d'approchant. Et cette nuit, qui nous éclaire comme en plein jour, je pourrais vous redire ces mots, les yeux dans les yeux, et vous supplier de ne pas me troubler davantage. Une seule ride sur l'eau devient une tempête dans ma pauvre âme. Vous me demandez de vous lire quelque chose mais la plupart de mes poésies, écrites au Cayla ou en Bretagne, je les renie à présent comme des miroirs dans la boue, des ébauches contraintes, les exercices d'un écolier qui n'a pas eu le culot d'aller jusqu'au bout.

Cécilia l'avait écouté avec ce génie de l'attitude et cette ingénuité qui finissait toujours par percer sous son cynisme de façade quand elle se trouvait aux prises avec l'esprit d'enfance. Maurice l'avait bouleversée et agacée en même temps si bien, que ne sachant auquel de ces sentiments réagir, elle restait immobile, comme tétanisée devant l'ampleur du désastre d'aimer, enfouie dans cette barque qui lui avait servi de confessionnal pour sa confusion.

Elle savait ce qui lui restait à faire. Fuir. Fuir au plus vite les ennuis que ce merveilleux sauvage ne manquerait pas de lui attirer si elle succombait à son sourire qui, au clair de lune, brillait comme une lame.

Le Centaure

Le démon des solitaires

I

Jadis, Maurice avait entrevu sa vérité et puis il l'avait mise au secret, noyau d'astre ou de désastre, pareille à cette particule élémentaire qu'on appelle « âme » et que chacun porte en soi comme un signe électif. Il avançait désormais sur des cendres qui tissaient une zone infiniment plus étendue que cette terre provisoire où l'on jetterait sa dépouille, comme Lamennais le réclamait à ses disciples.

Aujourd'hui que tout était accompli, selon une logique qui lui échappait, il reprenait son *Centaure*, sans cesse médité, y ajoutait encore des mots et des images, sans craindre de se répéter, trouvant même dans cette audace une façon neuve de se tenir au plus près des sources de la langue.

C'était à peine une histoire. Seulement le grésillement d'un grelot d'encre, le galop liquide d'un Centaure émergeant de la nuit des temps.

Le démon des solitaires

Maurice pourchassait un rythme oublié. A la Chênaie, il aimait être allongé, éperdu, sur son lit de fer, les yeux rivés au mur blanchi à la chaux. Lamennais l'avait libéré de ses chaînes pour le livrer à un esclavage plus redoutable encore. A présent, pour tuer le temps qui le séparait de la femme adorée sans espoir, il continuait d'écrire son évangile païen, entre deux poésies pieuses écrites à son intention pour se punir d'avoir visé trop haut, comme ce jour où il avait failli éborgner Eugénie d'un coup de fusil maladroit, et dans les bois du Val, passant d'un arbre à l'autre comme on passe des soldats en revue, il s'apercevait que ses espérances d'en faire une armée en marche s'étaient évanouies et que ses illusions de vivre une autre vie que la sienne s'étaient évanouies.

*

Un soir d'octobre 1835, Maurice invita Jules à entendre le poème auquel il avait travaillé tout l'été. Sous le masque de Macarée, le plus vieux et le plus retiré des Centaures, il commença sa prosopopée d'une voix grave, un peu voilée :

J'ai reçu la naissance dans les antres de ces montagnes. Comme le fleuve de cette vallée dont les gouttes primitives coulent de quelque roche qui pleure dans une grotte profonde, le premier instant de ma vie tomba dans les ténèbres d'un séjour reculé et sans troubler son silence. Quand nos mères approchent de leur délivrance, elles s'écartent vers les cavernes, et dans le fond des plus sauvages, au plus épais de l'ombre, elles enfantent, sans élever une plainte, des fruits silencieux comme elles-mêmes. Leur lait puissant nous fait surmonter sans langueur ni lutte douteuse les premières difficultés de la vie; cependant, nous sortons de nos cavernes plus tard que vous de vos berceaux. C'est qu'il est répandu parmi nous qu'il faut soustraire et envelopper les premiers temps de l'existence, comme des jours remplis par les dieux. Mon accroissement eut son cours presque entier dans les ombres où j'étais né….

*

Le démon des solitaires

Le paganisme faisait fureur depuis quelque temps et, pendant l'absence de Barbey, parti en Normandie, son vieil ami Guillaume Trébutien, de passage à Paris, avait accompagné Maurice au Louvre visiter une exposition d'Antiques.

Du plus lointain de sa mémoire, Trébutien ne se souvenait pas d'avoir été jeune. Vieil enfant d'abord puis vieil adolescent, venu le temps de la maturité, il était déjà gâté par places. Un mal de naissance le diminuait, lui abrégeait la taille, lui voûtait le dos, rabotait ses biceps et, du coup, sa tête paraissait trop grosse par rapport à son corps, elle avait tendance à pencher et la moindre contrariété la faisait osciller sur son cou comme une toupie. Il appartenait à une très ancienne famille, royaliste, catholique et pauvre. Au sortir du collège, il avait servi d'assistant à sa mère qui tenait un cabinet de lecture à Caen, rue du Pont Saint-Jacques, et il s'était découvert un goût effréné pour les livres orientaux qui lui passaient entre les mains. Il se procura des grammaires arabes, turques et persanes et, comme il était souvent obligé de rester assis ou allongé, il en profita pour étudier ces langues avec la passion d'un néophyte doublé d'un découvreur.

Quelques années plus tard, il traduisit et publia les contes qu'Antoine Galland n'avait pas inclus dans sa version des *Mille et une Nuits*. Ce coup d'éclat lui permit de correspondre pendant trente ans avec le célèbre orientaliste viennois Joseph von Hammer-Purgstall qui lui avait inspiré ce projet. Après avoir livré au public des poèmes d'amour conçus jadis à Bagdad, Cordoue ou Istanbul, il se prit d'une nouvelle passion, la littérature du Moyen-Age, qui commençait à faire florès. Il édita de somptueux volumes décorés d'enluminures comme *Le Dit d'Aventures* qui annonçait Cervantès et l'Arioste par son comique et sa fureur. D'autres ouvrages suivirent, tous frappés du même insuccès : des fabliaux, une épopée sur les Croisades où figurait un Saladin en gloire et *Le Roman de Robert de Diable*, anonyme rimé au treizième siècle.

Le démon des solitaires

Il avait rencontré Barbey dans son cabinet de lecture. Ce tout jeune homme de haute taille, bien découplé, avec de longues jambes et de larges épaules, avait fondu en quelques foulées décidées sur le malheureux libraire qui avait frissonné comme devant une fatalité. Un chapitre nouveau s'ouvrait dans sa vie morne. Une chance lui était enfin donnée, après tant de souffrances, de ne pas pourrir sur pied et de ne pas se confire dans une dévotion morose où il ne trouvait plus aucune délectation.

*

Dans la cour du Louvre, la lumière dorée qui baignait la collection d'objets grecs et romains - frises, cratères, sarcophages – apportée en dot de Caroline, sœur de Napoléon, par le prince Camille Borghese, semblait jaillir d'un tableau de Claude Gellée, « Le Lorrain », que Maurice mettait au-dessus de tous les autres peintres à l'exception de Nicolas Poussin. Son attention fut arrêtée d'abord par un

166

grand vase en marbre aux flancs rebondis où figuraient Apollon et sa cithare, Athéna, sa lance et son bouclier médusé, Artémis et son arc, Hermès au casque ailé mais aussi Dionysos, le dieu blond oriental, escorté de Satyres et de Bacchantes dont la plus jeune arborait un quartier sanguinolent de l'agneau de lait qu'elle avait déchiré vivant avec les dents.

La frise ionique redevenue la propriété du comte de Choiseul-Gouffier après d'interminables odyssées diplomatiques provenait de la façade sud du Parthénon d'Athènes.

Le fragment de métope exposé au Louvre avait pour sujet le viol perpétré par un Centaure sur la personne d'Hippodamie, la fille de Boutès, au cours de ses noces avec Pirithoos, roi des Lapithes. Celui-ci avait invité au banquet les hommes-chevaux qui, n'ayant jamais bu de vin, s'enivrèrent dès la première coupe vidée et entreprirent de violer les femmes de leurs hôtes. Le plus audacieux des Centaures, Eurytion, avait tenté d'enlever la mariée. Le fragment illustrait cet assaut dont l'image terrible - aux antipodes de sa sensibilité -, fascina Maurice, ébloui et mal à l'aise à la fois. Le monstre n'avait plus de tête, son bras droit manquait mais son corps saillait de veines énormes tandis que le geste de défense de sa proie venait de faire céder l'agrafe de la robe de fête au drapé impeccable.

Maurice entendit alors derrière lui Trébutien grelotter d'un rire qui ressemblait à celui de Lamennais quand il évoquait ses combats contre l'Hydre pontificale.

Le démon des solitaires

II

En écoutant Maurice, Barbey éprouvait un enthousiasme qu'il peinait à réprimer, mêlé d'une peur panique de ne pas faire aussi bien. Son propre poème, *Amaïdée*, prenait du retard tant il le peaufinait. Les premières lignes comptaient déjà cent soixante quinze variantes !

Avant son départ en juillet à Carteret, ils avaient conclu un pacte. Pourquoi chacun n'écrirait-il pas parallèlement à l'autre l'un de ces longs poèmes à la manière anglaise de Lord Byron, de Shelley ou de Wordsworth, lequel affirmait dans sa préface aux *Lyrical Ballads* que les meilleurs vers ressemblent à la prose, que seul le rythme compte, que les rimes sont superflues si l'on sait parfaitement jouer avec les assonances et les allitérations. Ils se les liraient ensuite comme lorsque, adolescents inséparables au collège Stanislas, ils échangeaient des vers avec des chuchotis de messe basse en joignant leurs genoux sous le double pupitre de peuplier.

Barbey avait eu l'idée d'*Amaïdée* après leur fugue avec Cécilia Métella dans la maison de pêcheur sise au bord d'un petit lac en forêt de Rambouillet, d'où elle avait fui par un matin glacé d'hiver.

Dans son poème, il se parait du nom d'Altaï avec une prétention dont il n'était pas dupe et il sacrait Maurice du sobriquet de *Somegod*, (quelque dieu), ce qui, compte tenu des activités de la jeune Bacchante dont il avait cru apercevoir la figure en filigrane dans *Le Centaure* recélait un sens ambigu et canaille.

Pour moi, ô Mélampe ! je décline dans la vieillesse, calme comme le coucher des constellations. Je garde encore assez de hardiesse pour gagner le haut des rochers où je m'attarde, soit à considérer les nuages sauvages et inquiets, soit à voir venir de l'horizon les hyades pluvieuses, les pléiades ou le grand Orion ; mais je reconnais que je me réduis et me perds rapidement comme une neige flottant sur les eaux, et que

prochainement j'irai me mêler aux fleuves qui coulent dans le
vaste sein de la terre.

Maurice avait fini de lire son poème. À bout de souffle, les yeux brillants, il se tourna vers son ami qui se taisait comme s'il tenait à respecter un délai décent de silence.

Enfin, ramenant sur lui sa cape, Barbey se décida, enflant le ton comme s'il parlait à un sourd :

– Mon cher, dans cette créature hybride à la double nature, vous avez fait ce que j'attendais, le portrait de votre âme. Je suis heureux de ne m'être pas trompé, vous êtes un grand poète parce que personne n'avait fait encore une œuvre comme celle-ci. Vous inaugurez une voie royale. Je m'y suis engagé en même temps que vous et je vous lirai bientôt mon *Amaïdée* qui sera belle, je l'espère. J'ai toujours pensé que les poésies rimées n'étaient pas votre fort, le mien non plus sans doute. Je range à part votre *Glaucus* inachevé, superbe comme un vestige ramené de la mer. Vous avez acquis, je ne sais où, un art très rare, celui de changer les mots en idées sans leur faire perdre leur succulence. Vous en exprimez tout le jus pour en faire jaillir une pensée qui ressemble à un fruit. C'est une alchimie très étrange comme un tour de magie.

Puis, brisant là le compliment, goguenard, impatient, il dit :

- Allons chez Corazza. *Away* ! *Away* !

*

Les deux amis prirent leurs gants, leur chapeau et leur canne et se dirigèrent à pied vers le Palais-Royal, Maurice traînant le pas derrière Jules qui cavalait comme d'habitude.

Arrivés sous la Galerie Montpensier, ils ralentirent l'allure de concert puis ils entrèrent dans l'illustre maison où résonnaient encore les diatribes de quelques révolutionnaires aux ombres raccourcies : le comte de Guzman, l'un des banquiers secrets de Jean-Paul Marat, l'exagéré Berthold Proly et son compère François Desfieux, sans omettre François Chabot, l'ancien évêque constitutionnel de Caen qui, témoignant au procès de Charlotte Corday, avait essuyé en public le souverain mépris de la vierge assassine, cette compatriote de Barbey que celui-ci vénérait comme Jeanne d'Arc.

Jules commanda du vin de Moselle, une bourriche d'huîtres normandes et de l'ail, et Maurice une grande tasse de moka fumant accompagnée de tranches de lard rousses, son délice matinal quand il était au Cayla, sa Thrace à lui, au pays du Centaure.

- Je viens de lire en trois jours les *Lettres* de Mlle de Lespinasse. Quelle passion ! Quelle femme pour le dix-huitième siècle et pour tous les siècles !

« Mlle de Lespinasse, c'est moi ! » aurait-il pu clamer. Il se reconnaissait dans cette réprouvée de l'amour, dans cette délaissée sublime. Il lisait aussi en elle quelques traits d'Eugénie. Leur certitude d'être laide, la soif d'être punie.

- Je vous vous les prêterai. Et je vous lirai quelques pages du *Journal* de ma sœur. Je suis curieux de savoir ce que vous en pensez. Peut-être la trouverez-vous un peu trop entichée de Dieu !

Le démon des solitaires

A propos, Jules, j'ai parcouru ce *strange book* que vous écrivez pour moi et votre mémorandum me fait penser que vous êtes fait pour la comprendre. Comme elle, vous êtes capable d'aimer comme un animal blessé et vous n'en possédez pas moins une intelligence souveraine.

*

A l'image de son Centaure, Maurice était un être double mais quand il avait eu le projet de l'*Hermaphrodite*, c'était à Barbey qu'il avait songé plus qu'à lui-même. La différence était que la double nature de Jules se trouvait assemblée dans un seul être alors que la sienne, telle celle du narrateur de son poème, se trouvait partagée en deux moitiés qui ne pourraient jamais s'agréger : « *...Moi, espèce de demi-vie. Pour la tête et le cœur et peut-être... mais pour ce point-ci, la faute en est aux dieux qui firent ma jeunesse si triste.* »

Il n'était jamais plus vrai que lorsque le sens de ce qu'il écrivait lui échappait : « Réfléchissons !

Pourquoi est-ce que je ne dis plus jamais Dieu ? Pourquoi l'Unique s'est-il multiplié pour moi en des divinités déléguées par une Loi sans passions, sans mouvements et sans recours ? » Il avait laissé fuir Cécilia, Marie n'était plus, il était mort pour Louise. Que lui restait-il d'autre, pour animer sa pauvre argile, que ce souffle entendu dans sa chambre du Val, antique et si nouveau pourtant ?

Ce n'était pas *René* qui lui avait inspiré *Le Centaure*. Quand il en marquait la mesure, la voix de Macarée résonnait davantage en lui que celle de Chateaubriand, inspirée par des déités, qu'enfant, déjà, dans la garenne du nord, au Cayla, il cherchait parmi les vieux chênes dont il notait pieusement les oracles comme il guettait sous l'écorce de son amandier les confidences d'une nymphe captive.

Il savait ce qu'il devait au Fénelon des *Aventures de Télémaque*, à cette prose si simple et d'un rythme si sûr.

De même, il avait une dette envers un homme, du sud comme lui, Alphonse Rabbe, dont le tigre de la syphilis avait rongé le merveilleux visage. Le meilleur ami de Victor Hugo avait publié en 1822 en le présentant comme une traduction d'un manuscrit grec un long poème intitulé lui aussi *Le Centaure* que Maurice venait de lire dans sa réédition posthume avant de songer à écrire le sien. Pour se démarquer de ce modèle, il avait choisi de dépeindre son homme-cheval dans l'enfance et dans la vieillesse, au lieu de le montrer dans la force de l'âge comme avait fait Rabbe qui, avant sa disgrâce physique, chevauchait à cru dans les rues de Riez, sa ville natale, à la manière d'un cavalier numide.

Il avait déjà entrepris un autre poème où les trois femmes de sa vie, Eugénie, Louise et Cécilia se mêlaient sous les traits d'une jeune Bacchante et c'était cette image qu'il poursuivait en songe, nuit après nuit, sursitaire du malheur, dans ses feuillets d'insomnie.

Quand ils furent rentrés à l'hôtel, Maurice invita Barbey, comme il le lui avait proposé tout à l'heure, à écouter quelques fragments du *Journal* annuel qu'Eugénie venait de lui faire parvenir.

Il s'empara d'un petit cahier relié et en toile et, l'ouvrant au hasard, il commença de déchiffrer cette écriture nette et sans ratures:

Je ne sais quoi m'attriste, me tient dans la langueur aujourd'hui. Pauvre âme, qu'as-tu donc ? Que te faut-il ? Où est ton remède ? Tout verdit, tout fleurit, tout chante, tout l'air est embaumé comme s'il sortait d'une fleur. Oh ! c'est si beau ! Allons dehors. Non, je serais seule et la belle solitude ne vaut rien. Ève le fit voir dans Éden. Que faire donc ? Lire, écrire, prier, prendre une corbeille de sable sur sa tête comme ce solitaire et marcher. Oui, le travail, le travail ! Occuper le corps qui nuit à l'âme. Je suis demeurée trop tranquille aujourd'hui ; ce qui me fait mal, ce qui donne le temps de croupir à un certain ennui qui est en moi… L'ennui, le plus terrible ennemi de l'âme, le démon des solitaires…

La voix de Maurice faisait d'Eugénie une créature d'un autre monde, d'un autre siècle, à la fois Hildegarde et sainte Geneviève qui, elle aussi, avait été élevée parmi les bergers. Elle était poète malgré elle, luttait contre l'inspiration comme avec un démon, se méfiait de cette fontaine qui coulait en elle sans effort mais ne pouvait pas s'empêcher de mêler le nécessaire et l'accessoire dans une improvisation permanente.

- Vous êtes un lecteur admirable ! s'écria Barbey. Vous donnez à chaque mot sa chance et personne n'aurait pu mieux exprimer la poésie précise et presque maniaque qui se dégage des pages de votre sœur, même si j'y trouve un peu trop de bondieuseries à mon goût, comme vous vous en doutiez !.

Eugénie disait renâcler à se relire car elle ne manquerait pas d'effacer des choses qui lui avaient échappées dans son périple intime, qu'elle voulait garder comme le témoignage d'une culpabilité sans remède mais elle craignait aussi d'y devoir déplorer tout ce qui s'était perdu de la pensée à l'écriture :

J'aime de m'arrêter dans mes pensées — la belle chose que la pensée ! Et quels plaisirs elle nous donne quand elle s 'élève en haut –, j'aime à m'incliner sur chacune d'elles pour les respirer, pour en jouir avant qu'elles s'évaporent…

Elle ressentait tant de soulagement, recevait tant de force et de lumière chaque fois qu'elle disait en confession : « C'est ma faute ! »

Elle avait trouvé chez Leibniz un éloge de cet art de l'aveu et, même si elle était plus éloignée de ce grand homme que d'un habitant de la lune, elle aimait de tout son cœur ce philosophe sévère qui avait vécu seul toute sa longue vie sans douter un instant que le regard de Dieu était posé sur lui.

Passions élémentaires

Le démon des solitaires

I

Un pastel anonyme daté de 1837 représente la baronne Henriette de Maistre en toilette de soirée, robe de satin blanc largement échancrée, garnie de fines dentelles aux manches courtes et plates. Elle rejette en arrière de ses épaules blanches un châle rose crème. Sa taille est mince, son teint rosé. Ses cheveux plats et noirs sont partagés par une raie et se relèvent comme des ailes à hauteur de ses tempes. Une ferronnière orne son large front et une petite croix d'or brille sur sa poitrine. Elle a deux roses dans sa chevelure, deux dans ses bras, une cinquième entre les seins. Ses yeux d'ébène ont le regard perçant et fiévreux d'une Andalouse et Eugénie dira, quand elle les verra, que ce sont deux astres d'Afrique.

*

Le démon des solitaires

Le mercredi 26 avril de cette même année, comme il s'apprêtait à partir la voir, un copieux vomissement de sang retint Maurice chez lui. La crise calmée, il lui écrivit que le pire de son mal s'appelait le regret. Entre temps, comme s'il n'était pas assez exsangue, le médecin, appelé à son chevet, avait pratiqué une forte saignée.

Leur amour avait donc débuté comme un accouchement pratiqué au forceps. Une boucherie ! Depuis, deux mois s'étaient passés en rendez-vous manqués, en promenades fantômes.

Le baron Almaury de Maistre, à une lettre près, portait le prénom du narrateur de *Volupté*, Amaury, le double de Sainte-Beuve, et pourtant c'était Maurice qui avait la plus proche parenté avec ce triste héros. Marie de la Morvonnais, sa muse défunte, n'évoquait-elle pas à s'y méprendre la « madame de Couaën » du roman ? Amour chaste qui oblige à puiser dans cette réserve même une ardeur sans espoir dont on nourrit le rêve. Et Henriette ne s'appelait-elle pas elle aussi

Marie ? D'ailleurs, c'était ainsi qu'il la nommait dans l'intimité.

Un bonheur absolu peut-il durer plus de dix minutes ? Cette pure félicité lui collait à la peau. Le bras d'Henriette qui s'appuyait hier au sien, ce bras féminin fort et souple à la fois, l'avait soumis à sa pression sans qu'il s'en défendît.

En un moment, l'amie s'était changée en une maîtresse dont il se faisait humblement l'écolier mais il préférait lui dire « ma souveraine ». Ne possédait-elle pas l'allure et la beauté d'une reine antique, au caractère aussi bien trempé que ses caprices étaient imprévus ?

Le démon des solitaires

II

Les yeux dans les yeux, Henriette lui sourit. Ce témoignage d'une confiance presque ingénue éclaire ses sombres prunelles impénétrables d'une lumière pareille à une vapeur de larmes. Maurice croit lire la vérité de cette âme dans ce sourire, dans ce regard, et cela l'encourage à rechercher la sienne.

Après l'épisode de son séjour à la Chênaie où, durant neuf mois, le grand bonheur des amitiés nouvelles avait été entaché par la froideur de Lamennais à son égard et sitôt après la mort de Marie, sa foi avait vacillé. Il s'était réfugié dans la vie mondaine, les tourbillons des bals, les beuveries lunaires, les marches nocturnes en compagnie de Barbey, ponctuées jusqu'à l'aube de discussions sans fin qui étaient autant de poursuites verbales de leurs chimères jumelles.

Le démon des solitaires

Puis il avait revu Henriette, la sœur d'Adrien de Sainte-Marie, son condisciple de Stanislas, et la passion l'avait de nouveau foudroyé.

*

Il a beau le contempler à présent chaque jour, le visage d'Henriette est un paysage encore vierge qu'il ne cesse d'explorer d'un regard fixe et égaré, celui d'un fou.

Elle possède une grâce indulgente, se laisse étudier. Ils sont assis face à face. Maurice dévore des yeux cette femme qu'il adore et il se demande s'il a bien agi durant la journée, s'il s'est comporté comme elle le souhaitait. Elle n'est plus l'amante mais la mère, la sœur aînée, Eugénie, dont elle emprunte à son insu le rôle. Alors qu'ils sont du même âge, la lueur de déclin qui touche les femmes plus tôt que les hommes l'émeut comme le pressentiment d'un adieu.

Cette aventure finira bientôt, il le sait. Elle ne lui parle déjà plus avec la même liberté, répond à ses questions par des monosyllabes où l'ennui perce sous la gêne. Elle a un rang à tenir dans le monde. Lui, qui est-il ? Un poète inconnu. Un individu invisible. L'ombre d'un désir coupable. Une courte parenthèse dans sa morne vie d'épouse et de mère de famille.

Il éprouve alors la violente nostalgie de sa vie utérine. Naître à rebours. Retourner à la source noire, lourde de parfums barbares. Retrouver comme son Centaure la torpeur béate de la caverne initiale. Franchir la barrière buissonnante qui borde la grande bouche d'ombre. Y replonger la tête la première. Aveugle, énorme et chauve sexe de ce crâne d'enfant qui rebrousse chemin vers le paradis, au plus intime de ce ventre qui s'est fait monde pour lui, de ce cœur dont les battements s'accordaient si bien aux siens, dont les pulsations de sang le nourrissent et l'enivrent encore. Demeurer là, bien au chaud, hors d'atteinte des bruits hostiles du dehors. Revenir pour y rester… éternellement… éternellement…

III

A l'époque de leur passion, il avait toujours froid, se souvient Henriette. Elle le revoit, allongé sur le cœur dans cette chambre avec elle, lors de l'unique séjour qu'il fit au château des Coques. Soudain, des mots de sang avaient jailli de ses lèvres comme si son désir se confondait avec sa douleur et se fortifiait de sa faiblesse. La jeune baronne l'écoutait dans l'ombre parfumée de lilas, ses cheveux fous cavalcadant sur ses épaules rondes. Ce délire impromptu dans le flot de la fièvre lui paraissait d'une douceur si étrange, si ténue ! Elle ne reconnaissait pas la rage d'amour furieuse des lettres de Maurice dans ce murmure suppliant.

Dépouillée de ses atours mondains, elle le rejoignit sur le lit et se pencha sur lui qui tendait les mains vers la fraîcheur de son cou, vers ces frisures troublantes comme le péché. Une espérance neuve semblait animer son amant mais c'était un leurre, pareil à une plaie ouverte qui suppure. Elle en savait tellement plus long que lui ! Ils avaient pourtant le même âge et, maintenant qu'elle était nue, son flanc tiède contre le sien, il paraissait s'en rendre compte avec une infinie surprise.

*

En cette nuit d'été, dans le chaud clair de lune qui leur servait d'éclaireur, il l'avait regardée comme sa sœur jumelle, son égale, unis dans le même partage, sur le même rivage. Quand un dernier sanglot s'échappa de leurs gorges comme un soupir qui se révolte, ils retombèrent sur le dos et se turent longtemps. Ce fut Maurice qui commença, usant pour la première fois avec elle de la langue de sa province pour évoquer son enfance, sa rivière, son vallon, son cher amandier, ses vieux chênes, cet air antique de là-bas. Puis il revint au français pour débattre de la question d'ordre littéraire autant que sentimental qui lui brûlait les lèvres : L'amour considéré comme producteur de texte, moteur de la création artistique.

- Avez-vous gardé mes lettres ? lui demanda-t-il, anxieux de sa réponse.

Tout le printemps, il n'avait pas cessé de lui en adresser, déluge de phrases exacerbées par sa position vis-à-vis d'elle et par cent autres motifs.

Elle répondit qu'elle les avait toutes rangées dans un coffret mais que celui-ci commençait à être trop petit pour en contenir d'autres.

- Approuveriez-vous que j'en fasse un roman ? Il pourrait s'intituler par exemple : « Lettres de (mettez le nom qu'il vous plaira) à une femme restée son amie.» Et si cela vous gêne, je pourrais me faire passer pour l'une de vos amies, le monde n'y verrait que du feu.

Ils entendirent soudain le bruit d'une maison en marche et, lentement, le clair de lune complice de la fenêtre se changea en un bleu pâle, exsangue, déjà à bout de souffle. Amaury revenait aujourd'hui. Il fallait se séparer.

Le démon des solitaires

IV

Eugénie était dévote avec des accès de mysticisme qui la laissaient pantelante et les yeux pâles. Nature vierge en jachère, elle rêvait d'un chevalier à la Walter Scott, l'un de ses auteurs de prédilection parce que tous les sentiments chez lui ont la pureté d'une source, d'un Ivanhoé qui réveillerait ses sens avec la douceur d'une rose et sans trop lui en faire sentir les épines. Selon cette vieille fille sauvage, affamée de respectabilité, l'art devait se soumettre au divin. Pour certains croyants, à quelque religion qu'ils appartiennent, le ciel couvre de son couvercle tantôt d'azur et tantôt d'orage toute velléité de création personnelle. Créer leur paraît être un défi lancé à Dieu et ils assimilent cet acte fondateur et individuel à un geste blasphématoire.

Elle avait la manie de vouloir sauver les âmes malgré elles et elle avait même songé à se rendre en Algérie pour y répandre l'Evangile. Mais ce qui l'obsédait par-dessus tout était d'assurer le salut de son frère. Elle avait beau croire à l'inconditionnelle générosité du Créateur, elle se représentait un affreux tableau des fredaines parisiennes de Maurice avec Barbey portraituré en donateur oblique et elle restait des nuits entières à frémir et à transpirer en l'imaginant damné.

Elle avait été horrifiée par la lettre qu'elle avait reçue de son frère le 18 juin 1835. C'était ce diable de Barbey, obsédé par Byron, qui avait dû lui souffler l'odieuse proposition de former avec elle un couple aussi libre et audacieux que celui du Lord boiteux avec sa sœur Augusta !

Après un long moment d'effarement, elle était allée brûler ces feuillets de soufre dans le jardin et elle lui avait répondu sans pouvoir se retenir de trembler : « Je t'aime mais je ne te connais pas. »

Le démon des solitaires

V

Dans son *Journal*, il y avait toujours des phrases, des tournures audacieuses, jaillies au fil de sa plume hors de propos et hors de sens. Elle se réveillait la nuit en se demandant si elle avait bien fermé à double tour le tiroir où elle rangeait ses précieux cahiers. Elle avait peur qu'on la découvre au détour d'un paragraphe, inoffensif en apparence. Seul Maurice était à même de comprendre le sens caché de ces phrases si simples, au style d'un naturel pareil au cours doux-coulant du Santussou.

Inquiète de le voir se plonger trop souvent dans un monde idéal, elle lui avait rappelé que le rôle de l'homme est d'affronter en face les réalités de la terre. Elle envisageait « la vie comme une tâche sacrée dont il faut répondre » et s'était toujours appliquée à en dominer le flot mouvant.

Quand elle écrivait encore des poésies, elle se disait parfois que c'était du temps dérobé à la vraie vie et à Dieu et pourtant elle ne parlait encore et toujours que de Dieu :

> *Et devant Dieu comme une amante,*
> *L'âme exhale flamme et désirs,*
> *Disant : « Que n'ai-je une aile d'ange*
> *Pour voler sur tes pas, mon Dieu !*
> *Que ne suis-je soleil, archange,*
> *Un être d'amour ou de feu !*

*

L'idée qui l'avait illuminée de dédier à son frère tout ce qui lui venait d'intime, comme elle le faisait dans ses lettres à Louise, avait chassé ce scrupule et quand Maurice l'avait encouragée à rédiger en vers des poésies pour la jeunesse, elle s'était mise avec ardeur à ce qu'elle appelait ses *Enfantines*. Mais après quelques strophes amorphes, elle avait laissé tomber sa lyre désaccordée pour retourner à son tambour de couturière.

Le démon des solitaires

Après la dispersion de la secte lamennaisienne sous le coup de la condamnation du pape, elle avait senti une sueur de sang se poser sur son âme. Maurice lui avait écrit depuis son havre du Val de l'Arguenon, chez Hippolyte de la Morvonnais, et chacune de ses phrases sonnait comme un camouflet à la vraie religion. Elle avait compté sur ses hôtes pour le faire rentrer dans le troupeau mais le berger était trop insoucieux et la bergère trop belle. Puis Marie de la Morvonnais était morte en dormant et Maurice avait été sauvé du mirage d'une union sans autres liens que ceux que la nature impose à ses fervents, avec cette femme inaccessible puisque mariée et vertueuse.

Les retrouvailles inopinées avec Barbey avaient ensuite jeté le fils du Centaure sur l'autre bord. Avec ce compagnon nocturne, il s'était mis à boire, lui qui ne tenait pas l'alcool, à danser jusqu'au vertige pour tordre le cou à l'aigle rouge qui lui dévorait la poitrine, à fréquenter les bouges des fortifications comme le héros masqué des *Mystères de Paris*

Pour oublier Marie « la femme à l’enfant dans les bras » dont les trois adieux criés tout bas depuis la balustrade du Val, au soir de son départ, ne cessaient de résonner en lui, il s’était jeté dans la réalité bruyante de ce Paris louis-philippard corrompu par l’argent et l’égoïsme.

d’Eugène Sue. Pour oublier Marie « la femme à l’enfant dans les bras » dont les trois adieux criés tout bas depuis la balustrade du Val, au soir de son départ, ne cessaient de résonner en lui, il s’était jeté dans la réalité bruyante de ce Paris louis-philippard corrompu par l’argent et l’égoïsme.

En tenant son livre d'heures pour son frère absent, sachant qu'il le lirait un jour, Eugénie s'obligeait à ne retenir que l'essentiel. Elle ne s'abandonnait jamais à des confidences égoïstes et si elle lui offrait son cœur anachronique, c'était pour faire durer l'accord de leurs enfances si proches, si fragiles, qu'elle devait préserver de l'oubli coûte que coûte.

Plus tard, en découvrant Paris, elle allait être charmée ingénument, telle une midinette, par les fringants équipages, les jolies modes, les lumières ruisselantes, « la conversation distinguée des hommes, les causeries, perles fines des femmes, ce jeu si joli, si délicat de leurs lèvres. »

Pendant ce court séjour, au contact d'Henriette de Maistre, que Maurice avait follement aimée, elle devait se frotter avec aisance, et même avec entrain, aux cercles les plus élégants, s'habiller chez Palmyre, délaisser la coiffure rustique de vendangeuse pour des frisures à la mode et, soudain honteuse de ses mains brunies par le hâle de sa province, les faire blanchir pour paraître à son avantage dans les salons qu'elle écumait avec une frénésie somnambulesque. On la vit partout où il fallait être vu.

*

Barbey d'Aurevilly l'a beaucoup observée durant cette brève période où la paysanne du Cayla s'est faite aristocrate, évoluant sous les lustres avec la grâce un peu hautaine des Guarini, ses ancêtres vénitiens ; en imposant aux importants par sa distinction naturelle et décourageant les importuns d'un seul battement d'éventail. Il l'a dépeinte sans pitié mais avec une fascination éperdue qui peut passer pour un coup de foudre à retardement :

« N'est pas jolie de traits et même pourrait passer pour laide si on peut l'être avec une physionomie comme la sienne. Figure tuée par l'âme, yeux tirés par les combats intérieurs, un coup d'œil jeté de temps en temps au ciel, avec une aspiration infinie, air et maigreur de martyre : lueur purifiée, mais ardente encore d'un brasier de passions éteintes seulement parce qu'elles ne flambent plus... Mais tout, tout n'est pas consumé, et le démon, comme parle cette pieuse et noble fille, pourrait être encore le plus fort dans cette âme, si le démon se donnait la peine d'être beau, fier, éloquent, passionné, car le Diable de Diable à quatre trouverait là à qui parler. »

Pourtant Eugénie ne s'était pas satisfaite longtemps de ces apparences paradisiaques qui masquaient des tentations effrayantes et délicieuses, tout un bric-à-brac de sensations nouvelles pour cette âme sévère qui affirmait « tenir à la valeur morale des choses », expression vague qui lui permettait de mettre le péché à distance.

Elle délaissa les salons pour d'autres vertiges et une autre musique. Le père Lacordaire, à la sombre beauté si bien rendue par Chassériau dans le portrait de 1841 et qui n'avait pas encore revêtu la robe d'ange blanc des Dominicains, lui parlait de Maurice, entrevu à la Chênaie, comme d'un « un jeune homme riche d'espérances ». Il la fascinait : « Il parle peu, mais en dit tant du regard ! je lui trouve le front inspiré et resplendissant de saint Dominique… Rien n'est comparable à ce regard resplendissant d'intelligence mais le plus beau est sa parole sainte et consolante… »

Son successeur pour prêcher le carême à Notre-Dame, le jésuite Xavier de Ravignan, venait ébaucher devant elle ses sermons d'une éloquence fleurie et elle ne sautait pas une messe à l'Abbaye-aux-Bois où Maurice, bientôt, se marierait.

La jeune indienne

Le démon des solitaires

I

A l'automne 1836, Maurice fut engagé pour donner des cours de français et de latin à un jeune garçon, Charles de Gervain, rentré depuis peu de Calcutta où il avait passé son enfance avec sa sœur cadette Caroline, dix-huit ans, et sa tante, Mlle Sophie Martin-Laforêt. Sa sœur aînée était restée au bord du Gange avec son mari, Frédéric Dulac, attaché à l'entreprise familiale de négoce. Depuis leur arrivée à Paris, ils habitaient une petite maison au 36 de la rue du Cherche-Midi.

Un méchant rhume obligea bientôt Maurice à interrompre ses leçons. Il s'en excusa auprès de la tante et, deux jours après, le 21 novembre, il lui écrivit pour la remercier d'être venue le visiter dans sa chambre d'hôtel. Une fois de plus, à son habitude, il se plaçait avec cette femme qu'il ne connaissait pas dans la position d'un enfant. « J'ai senti en moi un bonheur presque entièrement inconnu : il m'a semblé que je retrouvais une mère », lui écrivait-il. Cette déclaration était-elle destinée à voiler les sentiments qui le portaient déjà vers Caroline et qui amadoueraient Mlle Martin qu'il avait déjà reconnue pour une geôlière inflexible ?

*

Si cette imposante demoiselle Martin ondoyait dans le monde en toilettes moirées, Caroline avait vu très tôt ses rêveries angéliques se briser contre les lois rugueuses des évidences. Pour reprendre confiance, la jeune fille avait déjà su trouver la ressource de son miroir qui lui renvoyait d'elle-même une image flatteuse et qui l'assurait qu'elle aurait bien des admirateurs. S'étant aperçu qu'en faisant l'écervelée, elle se rendait plus séduisante encore, elle en jouait avec art.

Barbey d'Aurevilly venait de s'agréger à la troupe de ses soupirants, agissant pour le compte de Maurice qui ne le savait pas encore. Il voulait lui faire un de ces prochains jours la surprise de le marier avec cette fausse ingénue aux yeux limpides.

Il prit l'habitude d'aller sonner à la maison indienne. Il avait chaque fois l'impression de visiter une dépendance du Paradis. D'une seule parole, de son accent ravissant, elle lui fit voir un pays qu'il n'oublierait jamais.

*

Caroline avait souvent croisé Maurice quand celui-ci allait donner à Charles ses leçons mais elle ne savait jamais quelle attitude adopter avec ce jeune homme étrange et ténébreux. Ils se disaient bonjour du bout des doigts, du bout des lèvres. Elle craignait de lui déplaire étant volubile avec excès. Trop parler avait toujours été son travers.

Ce qui était si simple, si évident pour Caroline, avec Barbey devenait avec Maurice beaucoup plus compliqué. Il lui fallait d'abord éviter de trop regarder les yeux dorés du précepteur de son frère, ne pas s'attarder jusqu'à désirer les caresser à glisser rapidement tout du long de ces joues glabres et soyeuses qui n'avaient jamais connu le feu du rasoir, ne pas s'appesantir non plus sur ces lèvres couleur d'œillet rouge, du même ton que la fleur que Barbey arborait à sa veste comme un accroche-cœur. Maurice, lui, n'avait nul besoin de parader, tout son être était paré de la grâce qu'on ne trouve qu'au ciel.

Caroline n'avait pu se retenir d'être ligotée par tant de joliesse et de charme, tout en pressentant instinctivement compris que Maurice serait son Enfer en même temps que son Paradis. Le bonheur divin qu'elle en obtiendrait, elle devrait le payer avec intérêts. Aussi, presque sitôt après être tombée en pamoison devant lui, soit persuasion de sa tante, soit sursaut de sa faible jugeote, avait-elle renoncé à lui.

II

Après avoir soupé dans un estaminet des Halles, Maurice et Jules étaient allés rôder sur le boulevard de Gand. Ils échangeant de ces riens dont Barbey se plaisait à dire qu'avec de l'esprit ils deviennent toujours quelque chose.

- La vie ne vaut que comme une badinerie qui nous fait oublier la tristesse des choses, s'était exclamé Maurice avec cette façon particulière qu'il avait de dire des choses tristes en souriant.

Barbey ne répondit pas. Il était préoccupé d'une affreuse tentation, celle de Caroline dont il n'avait pu se retenir de tomber amoureux à sa dernière visite. Il revoyait l'étrange coiffure, toute orientale, qu'elle arborait parfois, une lourde tresse de ses cheveux noirs montée en forme de « zigoura » que traversait un stylet d'or. Il l'avait sentie émoustillée par son audace tout comme elle avait été émue de la beauté de Maurice et cela le troublait à présents comme autant de défis lancés au désir.

Finalement, il n'avait pas pu se résister. Il s'était précipité rue du Cherche-Midi pour faire sa cour au céleste oiseau bengali. La veille, il avait bu au Café Italien un bordeaux trop vert qui lui avait mis la folie en tête. Elle n'avait pas voulu le recevoir mais il l'avait entrevue, au fond d'un salon rempli d'ombres dorées, en robe claire et la taille onduleuse. Il en avait bredouillé tout seul : « Dieu qu'elle est jolie, mignonne, blanche, grande, mince, le buste long, les mains longues, avec ces épaisses boucles blondes à l'anglaise qui lui retombent sur les joues comme deux bouquets renversés. » Et il était reparti furieux, à deux doigts de se souffleter lui-même de son audace maladroite.

*

Ce dimanche 13 août Paris était terriblement désert. Pourquoi être allé la voir précisément ce jour-là ? Il n'avait pas pu trouver un fiacre. Il avait du

marcher et c'avait été une torture pour ses pieds
délicats car il avait cru adroit de chausser des souliers
fins et étroits. Misère du séducteur !

Du coup, humilié, il avait renoncé à Caroline.
S'il retournait là-bas, ce serait pour la rabibocher ave
Maurice. Lui seul le pouvait. Mais n'avait-elle pas plus
peur d'un ange que d'un diable. Il avait son plan. Il
parerait Maurice de tous les prestiges qui s'attachent
aux beautés damnées. Ce rôle de marionnettiste lui
plaisait. Il mettrait un peu de flamme et de soufre
dans cette histoire.

Dès le lendemain, le cœur en pais et l'allure
dégagée puisqu'il n'était plus que le messager, il se
présenta devant la porte de la maison indienne en
costume de Sardanapale, robe de damas vert pomme,
ramagé d'argent, toquet de velours à plume, maillot
rouge en soie et chaîne d'or au cou. Caroline en
crinoline d'appartement paressait en conversant avec
son rossignol quand elle aperçut dans l'entrée
l'étrange personnage. Qu'avait-il besoin de
s'accoutrer ainsi alors que Maurice, même fagoté

d'une blouse d'ouvrier couvreur, aurait l'air d'un seigneur ? Décidée à en finir, elle le reçut dans le petit salon bleu. Cette couleur était à la mode cette saison-là, les cabinets de Carazzo, les salons de Talleyrand, n'étaient-ils pas parés d'azur et, d'ailleurs, cette couleur paradisiaque ne s'accordait-elle pas aux prunelles de tourterelle de la belle enfant.

*

Barbey paya d'audace. Il l'entretint à mots choisis de la baronne de Maistre que Maurice avait conquise de haute lutte contre des rivaux fortunés et de meilleure naissance. Il dressa le catalogue des admiratrices du jeune poète qui l'arrêtaient dans la rue en lui disant: « Etes-vous un homme ou un ange ? Comment vous appelez-vous ? Puis-je venir avec vous ? »

- Il se laisse entraîner dans des aventures qui ne sont pas dignes de lui et qui ne le satisfont point, poursuivit le tentateur. Il ne rêve à présent que de calme, de repos, d'une muse tranquille et douce qui lui rendrait l'inspiration. Il n'écrit plus, sa santé se dégrade, il a perdu cette foi en lui-même que je lui avais redonnée. Il s'aigrit dans des silences stériles. Croyez-m'en, Mademoiselle, vous seule pouvez le guérir, lui rendre le goût de l'espérance et le sauver. Il m'a parlé de vous. Je sais qu'il n'attend qu'un signe de votre part. Autrement, je crains qu'il ne recommence ses ravages et qu'il ne se perde pour de bon.

III

Ce portrait de Maurice en Don Juan enflamma comme de l'étoupe l'imagination de la jeune fille qui s'ennuyait, loin des odeurs et des couleurs de son pays natal.

Le subtil Sagittaire avait si bien réussi son affaire que, quelque temps plus tard, elle osa aborder Maurice, revenu faire une visite de politesse, dans le corridor de la maison indienne où l'ombre s'enrichissait, ce matin-là, de fleurs pourpres et blanches. Elle portait une robe de mousseline qui laissait nus ses bras blancs comme les ailes d'un cygne et elle avait couronné la torsade de ses cheveux d'un petit kriss malais qui lançait des éclairs d'or. Sans doute un reflet en tomba-t-il dans les yeux de Maurice.

Cette coquetterie barbare emporta ses désirs. Les dieux ou Dieu lui-même ne lui envoyaient-ils pas cette fille du Gange pour ranimer son inspiration et peut-être sa foi ? Il la reconnut soudain comme la messagère de cet orient compliqué où ses rêveries poétiques l'entraînaient quelquefois. À la seconde, il eut l'idée de composer un *Bacchus Indien* dont il n'avait pas encore imaginé le premier vers et il décida sur le champ de se laisser aimer.

*

Profitant de la pénombre, Caroline suivait en frissonnant la ligne rouge et sinueuse des lèvres de Maurice ombrées d'une fine moustache, l'élancement du cou, le modelé des mains larges de paysan terminées par des doigts déliés de pianiste.

Devant la haute fenêtre qui donnait sur le jardin, il paraissait très grand, auréolé d'une lumière de vitrail. Barbey lui avait appris que les Guérin descendaient d'une noble famille vénitienne. Cela l'avait impressionnée, c'était donc un prince qui se tenait devant elle.

Le démon des solitaires

Elle se mit à rougir en pensant qu'avec ses yeux baissés, il avait une vue plongeante sur son décolleté, sur la naissance de ses seins lourds qui n'étaient pas ceux d'une adolescente mais déjà ceux d'une femme promise à la maternité.

*

Leur histoire avait recommencé ainsi, dans ce corridor si ombreux qu'ils étaient obligés de se fixer éperdument pour se voir.

Dans ses précédentes et rares liaisons amoureuses, Maurice avait toujours su cultiver l'art difficile des préliminaires et pourtant, chaque fois, sa passion s'était brisée dès ses premières phrases comme si tout sentiment chez lui devait s'évanouir au seuil du silence. Mais, cette fois, après Louise, Henriette ou encore Cécilia Métella qui lui avait enseigné avec tant d'élégance et de grâce l'art de la fuite, il irait jusqu'au bout.

Le démon des solitaires

Caroline avait mis une lueur d'espoir dans le cœur de Maurice et pourtant il se languissait toujours d'Henriette qui le condamnait à faire antichambre. L'apparition de la jeune indienne lui avait apporté un vent frais, un plaisir calme, une joie paisible qui le troublaient sans orages. Sa beauté mutine ne l'effrayait pas et, pour la première fois, il ne voyait pas dans une femme une mère mais une âme sœur.

Bientôt, pourtant, cette paix des sens lui sembla trop candide. Il s'y soumettait avec trop d'empressement, trop de docilité. Le bonheur serait-il donc possible ? Cette perspective d'être heureux le poussa de nouveau vers sa tourmenteuse baronne et son mal-être sentimental augmenta sa faiblesse de corps. La phtisie galopait dans ses poumons comme un cheval emballé et les quintes qui le suffoquaient ressemblaient à des piétinements de sabots. Il crachait du sang en abondance, ne dormait plus qu'à coups de drogues qui transformaient ses sommeils en des masses de plomb. Il émergeait de ces torpeurs toujours suant et frissonnant.

Le démon des solitaires

Il ne priait plus, refusait d'entrer dans les églises et abandonnait Eugénie devant la porte tandis qu'elle allait tristement faire ses dévotions seule. Il s'accrochait comme un naufragé à sa passion pour Henriette. Il voulait croire que la sève que faisait monter en lui cet impossible amour pallierait les vomissements quotidiens de son sang. Sa vie, c'était l'irrépressible élan qui le portait vers la chair, la voix, la présence mystérieuse de la femme élue. Cette capacité d'aimer le maintenait debout, en sursis de lui-même.

*

Il retourna en vain assaillir le seuil de son amante, multiplia les lettres où le désir brûlait au détour de chaque ligne mais comme il n'en obtenait pas de réponse, il prit la décision de retourner chez lui, au Cayla et, pour éviter les secousses de la diligence qui aurait un peu plus altéré sa santé, il décida d'y aller par voie d'eau.

Le démon des solitaires

La Saône lui parut nonchalante et douce comme un lit moelleux et il ne s'effraya qu'après Lyon lorsque le fleuve eut rencontré le Rhône qui la secouait d'une énergie farouche. Depuis le bateau, il reprit sa correspondance avec Mlle Martin-Laforêt : « Voilà ses eaux emportées dans le cours du fleuve le plus actif et le plus précipité, sur lequel nous avons filé soixante-douze lieues entre quatre heures du matin et cinq heures du soir. »

Il naviguait avec des marchands qui se rendaient à la foire de Beaucaire. Durant tout le voyage, il se tint à l'écart. De toute façon, ils l'ignoraient, plaisantant entre eux, solidement campés sur le gaillard arrière, parlant de leurs affaires, avec des gestes brefs de sourds-muets, la trogne épanouie et la bedaine au vent.

« Heureusement qu'ils ne savent pas que je suis poète, comme ils se moqueraient de moi ! pensait-il, Jules, lui, saurait se mettre à leur diapason, il saurait retirer quelque chose de cette face du commerce, la retourner comme celle de Janus, et, qui sait, la rendre poétique. Oui, Jules serait capable de ce tour de force. Je l'ai vu faire chez Tortoni, au café Riche, chez Corazza ou au Café anglais. Il a la prestance d'un chevalier normand, la noblesse paysanne d'un combattant chouan et l'art de mettre les gens dans sa poche. Pas moi, hélas ! »

Après trois semaines d'un périple épuisant, il arriva en pays albigeois, retrouvant son père qu'il n'avait pas revu depuis trop longtemps. Il le savait meurtri, déçu et très remonté contre lui depuis qu'il lui avait désobéi en renonçant à la prêtrise. Il l'imaginait irréconciliable, presque haineux et il fut suffoqué de le voir courir vers lui pour le prendre dans ses bras en pleurant.

Lui qui était si sensible aux fortes impressions, se voyant brusquement acteur de la parabole du fils prodigue, éprouva brusquement à quel point la chaleur du pauvre foyer du Cayla lui avait manqué.

IV

Eugénie commença le sixième cahier de son *Journal* le 26 janvier 1838 le jour même où Maurice repartit pour Paris sans être revenu à la religion. Malgré tout ce que son père, ses sœurs et son frère Erembert avaient pu lui dire. Il n'avait toutefois pas voulu les heurter. Il les avait suivis à la messe à Andignac mais il s'était tenu auprès d'eux, dans le banc seigneurial, entendant les prières et les prêches avec un air d'absence.

Chagrinée par cette résistance obstinée, Eugénie avoua à la date du 2 février, qu'elle ne se sentait pas de force à le convertir. Elle se rabattait à présent sur le rêve de le voir épouser Caroline de Gervain, et sur la chimère plus prosaïque et plus folle, de pouvoir habiter avec lui quand il serait marié. Elle se ferait toute petite comme le grillon du Cayla ou comme l'oiseau encagé qui lui tenait compagnie dans sa chambrette. Or, Maurice, revenu dans la capitale requinqué par le grand air du pays albigeois mais pas guéri de sa passion pour Henriette, hésitait encore à prendre Caroline pour femme. Il jetait toute son énergie dans la préparation de l'agrégation de droit qu'en fin de compte il ne passerait pas.

Eugénie ne baissait pas la garde. Ses lettres étaient quelquefois quotidiennes. Elle encourageait son frère à obéir à la « divine main » qui « arrangeait sa vie » et c'est sous cette même protection qu'elle plaçait l'éventualité de son mariage avec la jeune fille dont elle voulait et puis ne voulait plus. C'était selon l'humeur du jour : « Je te vois tantôt heureux, tantôt malheureux ; je veux et ne veux pas de ton mariage. Que la volonté de Dieu se fasse ! Le vouloir doit se perdre en celle-ci… »

*

Le 19 février, elle entama le septième cahier qui s'adressait tout entier à Maurice. Elle le remplissait malgré elle de choses si intimes qu'elle s'enfermait à double tour pour ne pas être surprise à l'écrire. Son but avoué était de rapprocher de plus en plus Maurice de Caroline tout le ramenant à Dieu. Elle lui rappela leur entretien sur la route de Cahuzac, lui disant fervemment que Caroline avait été créée pour lui comme Eve pour Adam.

Puisqu'il ne pouvait plus prier, il lui avait demandé de le faire à sa place pour que la Providence lui accorde un jour une petite fille. Pensait-il à Marie de la Morvonnais qui tenait Elisabeth si souvent dans les bras qu'il avait fini par la regarder comme une « Vierge à l'enfant » ? Il bridait ainsi ses désirs dans une lumière chrétienne qui, malgré son éloignement de la sainte table, était un aliment de substitution suffisant pour ne pas désespérer.

Puis il lui avait appris qu'il n'allait plus dans le monde et elle avait cru y voir l'indice d'un retour possible à la prière qui suppose le silence et le retrait. En s'adressant à l'absent, elle tirait plus que jamais sur la corde sensible comme s'il pouvait l'entendre malgré les distances géographiques et spirituelles qui les séparaient : « Si je pouvais te voir chrétien, je donnerais vie et tout pour cela. Veux-tu savoir pourquoi je t'aime tant ? C'est que la foi me fait voir en toi un frère, une âme que je ne pourrais peut-être pas aimer dans l'autre vie. »

Au dernier moment, prise d'une superstition soudaine ou s'apercevant de la maladresse cruelle de ce paragraphe, elle l'avait griffé d'un trait de plume.

*

Un peu plus tard, Barbey l'avertit de la rechute de Maurice qui toussait à s'en déchirer la poitrine. Devait-elle partir le soigner sans y être invitée ? Elle écrivit à son cher malade qu'elle s'en remettait à Caroline, soulignant au passage que cet ange lui avait été envoyé par Dieu, ce Dieu d'amour qu'il s'obstinait à méconnaître, et comparant de nouveau la jeune fille du Gange à une Eve orientale.

Dans le même temps, elle correspondait avec Henriette de Maistre au rythme d'une lettre par mois.

Ces lettres ignoraient les petits faits pour n'évoquer que ce qui les unissait au-delà de l'amour de Maurice, l'amour de Dieu, qu'Henriette avait peur d'avoir perdu à la suite de sa liaison adultère. Elle avait élu Eugénie comme directrice de conscience. Elle l'appelait « ma douce sainte » et se montrait soumise comme une enfant de Marie. La passion l'avait rejetée sur le sable, naufragée du cœur, loin de sa famille, de sa fille Valentine qu'elle chérissait et d'un mari qu'elle respectait à défaut de l'aimer. Si Maurice lui avait fait du mal, Eugénie ne lui voulait que du Bien, la mener sans heurts sur le chemin du salut.

Lazare le ressuscité avait deux sœurs, Marthe et Marie. Henriette se comparait à la première, toute attachée aux choses de la terre et délaissée par Jésus qui accordait à Marie « la meilleure part ». Or toutes les deux étaient liées, soulignait-elle, par l'amour de leur frère revenu d'entre les morts. Alors, reprenant le fil de l'anecdote évangélique, Eugénie lui jura une amitié sans faille : « Croyez bien que Marie ne saurait oublier Marthe que Dieu lui a confiée. Elle l'aime, fera tout pour la consoler, pour la ramener au Sauveur quand elle s'en croira repoussée. »

Au début de leur relation épistolaire, car elles ne s'étaient encore jamais vues, Eugénie l'avait mal jugée, influencée par une jalousie qu'elle sublimerait plus tard comme elle sublimait tout. Elle la croyait sa rivale à cause de Maurice qu'elle se voyait obligée de partager avec d'autres femmes beaucoup plus souvent qu'auparavant. Réalité charnelle et physique, sur laquelle cette sœur vigilante se faisait sans doute des idées mais qui la tourmentait comme des éclats d'enfer. Et voilà qu'elle tenait ce cœur blessé entre ses mains et que Dieu lui confiait cette âme déroutée !

La pénitente connut pourtant des moments de révolte face à ces effusions qu'elle trouvait trop démonstratives et Eugénie reçut un jour avec effarement une lettre de la baronne se terminant ainsi : « Il me semblait que vous m'aimiez comme les missionnaires aiment les sauvages qu'ils espèrent convertir, et vraiment je ne veux pas être aimée comme une Malgache ou une Kameskadale. » Cette phrase, commencée au passé, se terminait par un présent porteur de menaces pour leur amitié naissante.

Une autre circonstance vint aigrir l'humeur d'Henriette. Le père Dupanloup, héros l'on ne sait pourquoi d'une série de comptines salaces qu'on braille toujours dans les préaux d'école, l'accueillit à confesse. Après l'avoir longuement écoutée dans l'ombre grillée, il lui refusa tout accès à Maurice. A ces mots, elle se cabra et, pour répondre au prêtre pudibond, s'en alla composer une chanson qui allait répétant que lorsqu'on a aimé quelqu'un, on l'aime pour toujours.

L'interdit pastoral avait ranimé le feu qui couvait sous la cendre. Elle oublia de nouveau Dieu au profit de son amour perdu et cela inquiétait d'autant plus Eugénie que Maurice, de son côté, semblait s'être pris d'un retour de flamme pour Mme de Maistre.

V

Du côté de la maison indienne de la rue du Cherche-Midi, l'horizon s'était brusquement assombri. Caroline - « la fiancée défiancée », ainsi que l'avait baptisée Barbey -, se trouvait en passe d'être ruinée. Joseph de Guérin, le patriarche du Cayla, dont les affaires à l'ordinaire n'étaient pas florissantes, s'alarmait de voir les oeufs de la poulette changés en œufs de plomb. De quoi les tourtereaux vivraient-ils, une fois mariés, s'ils l'étaient un jour ?

Eugénie s'en mêla. Elle avait de l'affection pour Caroline qu'elle avait sauvée d'une chute dans un ravin lors d'une promenade en forêt de Fontainebleau. Cette situation la déconcertait et, comme l'ombre de Mme de Maistre planait encore en arrière-fond, elle ne savait quel parti prendre.

Finalement, la situation de fortune des Gervain ne s'avéra pas si catastrophique qu'on aurait pu le croire. Il restait de quoi vivre décemment.

Maurice qui haïssait l'argent pour n'être jamais parvenu à en gagner trouva à sa fiancée un charme de plus en l'ayant crue « pauvre » et ce fut par ce biais qu'elle lui parut soudain correspondre le mieux à ses désirs. Se détournant pour de bon d'Henriette, il laissa éclater dans une lettre à sa sœur son impatience d'être uni à celle qu'il baptisait « un ange dans tous les sens du mot. » Il ne voyait plus que cette jeune fille venue de l'Orient compliqué pour égaliser sa vie et lui apporter le calme du corps et de l'esprit.

Son père consentit au mariage de son fils en vertu des dispositions du Code Civil qui obligeait les enfants à recueillir l'assentiment de leurs parents jusqu'à leurs trente ans. Eugénie, au comble de la joie, en profita pour assiéger Caroline, la pressant de se faire missionnaire pour ramener Maurice dans le giron de l'Eglise.

Malgré le veto du père Dupanloup, Henriette avait revu Maurice deux fois, après quoi, la mort dans l'âme, elle avait rameuté tout son courage et toute sa soumission de pénitente et elle était partie en

Nivernais, dans ce château des Coques où flottait encore l'odeur de leurs fiévreuses nuits partagées.

Elle y passa son chagrin à faire de la musique. Elle ne manquait d'ailleurs pas de talent en la matière puisqu'en son âge mûr, elle devait composer des opéras dont une *Roussalka* qui, refusée à Paris, fut jouée à Bruxelles.

En dépit de ce parfum de scandale, Eugénie avait une peur panique de la rencontrer et de lui déplaire Aussi, lorsque Henriette l'invita dans sa province, prit-elle les devants et, pour la préparer à une déception, elle se caricatura en une frêle et pâle créature incapable d'aligner trois mots sans bafouiller.

Sa future hôtesse la rassura : « Quand vous seriez aussi laide que la princesse Truitonne ou la fée Carabosse, je ne vous en aimerais pas moins. »

*

Quinze jours plus tard, Eugénie rejoignit Henriette qui la reçut dans de grands éclats de regards et de rires. Ce fut une vie de villégiature, remplie de travaux d'aiguille et de brocante, de causeries et de musique. Les deux amies parlaient de tout et de rien, renversées sur un canapé de velours, dans le salon qui donnait sur un parc d'où l'on entendait jaser la Loire. Henriette jouait au piano des cantiques de sa composition tandis qu'Eugénie grattait sa guitare en chantant des romances occitanes. Tard le soir, recluse dans une chambre trop vaste qui l'intimidait, elle parcourait les nouveautés, écrivait son *Journal* et bourdonnait sur son prie-dieu de longs récitatifs qui finissaient par l'étourdir.

Lorsqu'elle fut revenue au Cayla, des cousines de passage lui proposèrent de les accompagner à Montels, près de Rayssac où se trouvait Louise de Bayne qui avait perdu son père au dernier mois de juin.

A la fin du mois d'août, Eugénie se mit en route sans que ses lettres annonçant son arrivée aient pu parvenir à son hôtesse. Louise l'accueillit avec une joie doublée par la surprise et les deux amies rattrapèrent le temps perdu par de longues promenades dans les bois ou dans les montagnes noires d'alentour qu'Eugénie comparait à des « croupes de chameau ».

Noces de sable

Le démon des solitaires

I

Arrivé devant l'autel, les grilles étant déployées devant lui comme les pages d'un missel, Maurice se mit à à genoux, attentif à ne pas trébucher, suivant des yeux comme pour se régler sur lui le mouvement exalté de Caroline, aussi cramoisie que les prie-dieu en velours placés côte à côte. Elle portait une robe taillée dans la même mousseline que celle d'Eugénie. Sur le devant ruisselait une rivière de diamants, cadeau de sa mère. Un précieux volant et des manches en dentelles authentifiaient l'ancienneté de cette toilette qui déconcertait et charmait en même temps.

L'encens secoué par les enfants de chœur fumait dans des tourbillons cendrés. L'orgue entonna le *Prélude et fugue en sol majeur* de Mendelssohn-Bartholdy puis l'office commença dans un brouhaha de toux sèches, de chaises remuées dont les claquements répondaient à ceux du Cavaillé-Coll, là-haut, dans la tribune veillée par des anges en stuc. Enfin l'orgue céda la place au chœur chuchoté des oraisons.

*

Revêtu d'une chasuble verte marquée d'une grande croix noire, l'abbé Buquet descendit les marches de l'autel pour la bénédiction nuptiale.

Il avait été préfet des études au Collège Stanislas et Maurice, à dix-huit ans, lui avait écrit une lettre qui résonnait comme le testament de son enfance.

Elle commençait ainsi:

« Mes premières années furent extrêmement tristes. A l'âge de six ans, je n'avais plus de mère. Témoin des longs regrets de mon père, souvent environné de scènes de deuil, je contractai peut-être alors l'habitude de la tristesse. Retiré à la campagne avec ma famille, mon enfance fut solitaire. Je ne connus jamais ces jeux ni cette joie bruyante qui accompagnent nos premières années. J'étais le seul enfant qu'il y eût dans la maison, et lorsque mon âme avait reçu quelque impression, je n'allais pas la perdre et l'effacer au milieu des jeux et des distractions que m'eût procuré la société d'un autre enfant de mon âge. Mais je la conservais tout entière ; elle se gravait profondément dans mon âme et avait le temps de produire son effet. Mon père jetait en même temps dans mon cœur ces sentiments de religion qui n'en ont jamais été effacés ; et les scènes de la mort que j'aimais à aller contempler dans les chaumières à la suite du curé de la paroisse, qui était en même temps mon précepteur, m'instruisaient de la brièveté et de la fragilité de la vie à l'entrée même de la carrière. Ainsi, sans avoir vécu dans le monde, j'en étais déjà désabusé, tant par ce que j'entendais dire à mon père que par ma jeune expérience. J'abandonnai enfin ma solitude pour entrer dans les collèges ; c'était passer d'un extrême à l'autre. Mais je n'oubliais pas dans la société d'une jeunesse turbulente les leçons de la solitude ; je les avais emportées avec moi pour ne jamais les perdre. Dès lors commença pour moi cette vie pénible, difficile, pleine de tristesse et d'angoisse, dans laquelle je me trouve aujourd'hui engagé… »

Vers la fin de la lettre, il faisait le constat amer et lucide de ses défauts : l'orgueil, un profond sentiment de sa misère, une pensée jamais en repos, des passions trop vives, une conscience trop surveillée. S'y ajoutait une obsession de la mort qui, au lieu de le pousser à vivre, lui donnait un affreux dégoût de toutes choses, et même des plus belles puisqu'elles devaient périr.

Malgré l'insistance d'Eugénie, Maurice n'avait pas voulu s'entretenir de son futur mariage avec l'abbé Bucquet. Il était à présent le confesseur de Caroline. Lui aurait-elle avoué des choses qu'il ignorait ? « Non, non, s'était-il rassuré devant sa sœur, Caroline est sans malice, elle se livre entièrement à moi. »

*

Le démon des solitaires

Ils entendirent les formules rituelles, répondirent aux demandes sacrées, échangèrent les anneaux et s'embrassèrent avec la timidité de deux inconnus. Couronnée de roses blanches, Eugénie passa parmi les assistants, une corbeille à la main pour la quête.

Après l'*ite missa est* et, de nouveau du Mendelssohn à tue-tête, les lourdes portes de l'église de l'Abbaye-au-Bois s'ouvrirent toutes grandes et les mariés sortirent sous les jets des pétales de chrysanthèmes. Maurice répondait aux hourras par un hochement de tête et Caroline par un sourire panoramique éblouissant.

« Comme elle est devenue belle en un moment ! » songea Barbey. « Ce que peut faire un sacrement quand même ! Avant la cérémonie, elle était certes jolie comme un camée. Mais là ! A cause de son éclat, ce fichu mois de novembre me semble encore plus morose et, par la faute de Caroline, désormais « de Guérin », (il faudra m'habituer si je puis !) elle me fait regretter d'être resté garçon et de m'empêtrer encore dans des liaisons de garnison, don Juan de papier !. »

Le démon des solitaires

II

La veille, Barbey avait suspendu ses travaux alimentaires de journaliste à la ligne pour être le témoin de Maurice. En demi toilette, il s'était rendu dans la maison indienne de la rue du Cherche-Midi pour y déposer le contrat de mariage, avant de faire un saut à la mairie d'où il était rentré fourbu.

Aujourd'hui, en ce 15 novembre 1838, un brouillard épais recouvrait Paris et plusieurs invités étaient restés chez eux. Barbey, glacé de pied en cap sous la nef, se demandait s'il y aurait assez de cavalières lors du bal, après le déjeuner français et indien. Il n'apercevait pas, au milieu des dix-neuf participants à la cérémonie - parents et amis compris - cette petite madame P... qui le rendait fou par ses faux bonds. La brume avait bon dos, elle lui servirait d'excuse encore pour le tourmenter, lui, l'homme le plus galant de la terre qui aurait donné toutes les cathédrales du monde pour une mèche des cheveux d'or de Diane de Poitiers. Dans sa rêverie contrariée, les tresses blondes de sa maîtresse lui glissaient entre les doigts comme de longs serpents entrelacés, de souples et brillants caducées capillaires. Cette Mme P… se montrait plus vaniteuse qu'audacieuse mais il sentait couver en elle un amour pour lui qu'elle n'assumait pas et qu'il ne désespérait pas de lui faire avouer.

Vexé, désappointé, il se vengea sur le repas qui exhibait viandes rôties, poissons à la crème, gâteaux exotiques, vins de Bordeaux, de Madère et du Tarn. Au milieu de la table trônait un monstrueux dindon parfumé aux truffes du Cayla.

Eugénie était assise à sa droite. En face d'elle se trémoussait le jovial Auguste Raynaud, qui, entre deux bouchées, lui jeta sur le ton de la plaisanterie :

- Ma cousine, pourquoi n'avoir pas écrit une petite pièce en vers pour célébrer les noces de Maurice ?

Elle éclata d'un rire forcé. L'art poétique lui était devenu trop amer depuis ses échecs répétés aux

250

Jeux floraux de Toulouse dans son adolescence et le mariage de Maurice méritait mieux que toutes les pauvres rimes qui pouvaient sortir de son imagination. Elle n'était bonne à rien d'autre qu'à griffonner des lettres

— Votre frère a l'air heureux, dit Barbey. Cela se voit sur son visage.

— Vous le croyez vraiment ?

— Oui !

— Eh bien, je veux le croire aussi.

La première fois qu'il l'avait vue, il avait été frappé par sa laideur comme par un coup de foudre inversé. Sa tête osseuse et pâle ressemblait à celle d'un squelette ornant les murs d'une caverne d'ermite. Puis elle lui avait parlé de sa voix de cristal fêlé. Et lui, l'esprit fort, l'adversaire inlassable de l'espèce honnie des « Bas bleus », avait été subjugué par la profondeur de son intelligence et par la pureté de sa foi. Cette fille de la nature, grandie entre ciel et terre, possédait le sens de ce « quelque chose » qui se trouve plus haut que ce ciel ; un « ciel du ciel » comme elle disait parfois en baissant les yeux.

Elle lui était apparue dans une petite robe de fête, disgraciée mais charmante, coiffée comme une impératrice et maigre comme un grillon sous le lustre du salon dont elle recueillait la lumière ainsi qu'une eau sacrée.

Ils s'étaient aussitôt entendus à merveille. Eugénie partageait avec lui la ferveur des livres et la fureur de l'écriture.

- C'est toujours livre ou plume que je touche en me levant.

Elle avait ajouté plus bas, faisant trotter son regard sur la société bruyante qui les environnait :

- Le sot rire du monde ne m'égaie pas !

Alors, pour la première fois, il avait éprouvé de la honte à trouver tant de divertissements dans ces heures creuses, à rechercher le monde avec tant de frénésie, se préparant des matinées entières dans ce dessein, allant aux Bains, se faisant friser, parfumer, choisissant les tenues les plus à la mode avant de franchir les portes des salons du Faubourg d'où il revenait chez lui plein de rancune envers lui-même, buvant encore pour mieux se haïr plus tard devant la glace.

*

Eugénie ouvrit le bal avec lui. Elle affichait un sérieux, une gravité effrayée dont elle lui avoua les raisons. En venant à l'église, elle avait vu un corbillard dans la file des voitures ainsi qu'elle le devait consigner dans son *Journal*, « un char funèbre faisant chemin parmi les voitures de la noce » et, tout à l'heure, en entrant dans cette salle, son regard avait été happé par la forme fantôme d'un cercueil, posé en équilibre sur une banquette. N'était-ce pas le signe d'un malheur prochain ?

Il la rassura et lui chuchota à l'oreille sur un ton badin :

- Avez-vous au moins la permission de votre confesseur pour danser ?

- Oui, il me l'a donnée, ne vous mettez pas en peine pour moi !

Soudain, elle eut peur d'avoir écrasé ses bottes avec ses grands pieds :

- Pardonnez ma maladresse. Ce bal est un joli enfantillage mais je ne peux m'empêcher d'être inquiète.

- Etourdissez-vous, ma chère ! lui dit-il à la fin de la danse et il la mit dans les bras du cousin Raynaud qui passait.

La nuit s'avançait. Les invités s'en allaient peu à peu. A deux heures du matin, épuisés, Maurice et Caroline se retirèrent à leur tour.

Eugénie dansait toujours. La perspective de se retrouver dans sa petite chambre, près de celle des jeunes mariés, la tourmentait sans qu'elle osât mettre des mots ou des images sur son trouble.

Le démon des solitaires

III

Le lendemain matin, Caroline se rendit au chevet d'Eugénie qui n'avait pas fermé l'œil de la nuit, sombrant par éclipses dans des somnolences hallucinées.

Entre ses mains blanches, la jeune Mme de Guérin serrait un petit livre rouge sang dont la vue étreignit le coeur de la vieille fille, l'*Imitation de Jésus-Christ* traduite par Lamennais, le mauvais génie de Maurice.

De sa voix claire, veloutée, d'une sensualité innocente, elle commença de lire le premier chapitre du livre II : *De la conversation intérieure.* Toute habillée de honte, dans sa chemise froissée et les cheveux défaits, elle devait offrir une bien grise mine à cette resplendissante chimère. Eugénie évitait de la regarder.

Malgré tout son désir de se réjouir du bonheur de Maurice, d'aimer celle qui était à présent sa femme et qui, pour lui plaire, s'était appliquée à cette pieuse lecture, elle ne parvenait pas à la trouver digne de lui.

Elle avait cependant rêvé d'habiter avec eux, de partager leur bonheur, d'en recueillir des miettes, de voir son frère tous les jours, de lui parler, de l'entendre. Ne plus jamais en être séparée. Jadis, quand il était parti à Toulouse au petit séminaire, elle avait envisagé d'habiter avec lui un jour dans quelque presbytère, quand il serait devenu prêtre. Maintenant, le projet chimérique d'une vie commune auprès du jeune couple s'était réalisé. Mais en dépit de sa finesse, elle n'en apercevait pas l'impossibilité foncière.

Maurice, malade et sans fortune, était à la charge des Gervain et Mlle Martin-Laforêt, la tante de Caroline, avait aussitôt percé ses intentions. L'inviter à partager leur foyer ne pouvait être qu'une solution de repli. Du coup cette vieille fille, aussi imposante dans ce genre qu'Eugénie était maigre et presque desséchée, était devenue sa bête noire. Elle la soupçonnait de les espionner elle et son frère : « Elle veut savoir ce qui se dit, ce qui se passe entre nous, comme on fait des conspirateurs. Pauvre femme incomprenante ! Je la défie de saisir le moindre bout de fil de nous deux, et cela sans chercher à lui échapper, sans le vouloir. C'est par leur nature que certaines âmes échappent à d'autres. Il n'y aura jamais prise d'elle à nous… »

*

Maurice entendait la maison bruire de propos malveillants sur Eugénie.. La tante de Caroline ne supportait cette paysanne tarnaise dont elle le soupçonnait d'être l'esclave. Parfois, ils se parlaient dans leur « patois », comme elle appelait avec mépris la langue d'oc pour qu'elle ne les comprenne pas.

A l'ombre d'une porte entrebâillée, une hystérie glacée s'était emparée d'elle en les écoutant. Elle jura de se venger, elle en avait le moyen. Bientôt cette hôtesse indésirable n'aurait plus un sou et il lui faudrait bien songer à déguerpir.

Le démon des solitaires

La mise au net du contrat de mariage avait laissé ses cicatrices. Mlle Martin-Laforêt regrettait à mots couverts une union sans profit à laquelle elle n'avait consentie que parce que sa nièce l'en avait suppliée.

La vieille demoiselle possédait une âme aventureuse dans la géographie comme dans les sentiments et il n'était qu'à la Bourse que cette cigale devenait fourmi. Elle prit l'habitude de s'adresser à Maurice avec des silences, des soupirs, des hochements de tête, s'étendant sur le prix des choses et le nécessaire besoin d'isolement qu'avait un jeune couple pour bâtir une union solide. Après tout, elle-même vivait à part de ses neveux, dans son propre logis !

L'allusion aux façons intrusives d'Eugénie sautait aux yeux. Maurice était trop las pour répliquer à ces paroles mielleuses. Il voulait vivre en paix. Caroline l'attirait dans la lumière d'un amour terrestre et sans tache, Eugénie dans l'ombre d'un cloître intérieur où sa pureté rancie faisait le dernier lien qui l'attachait encore à des choses sacrées.

IV

Eugénie ne pouvait plus dormir qu'à la pointe du jour, ayant épuisé sa moisson de cauchemars éveillés. Elle entendait Maurice tousser à fendre l'âme dans la chambre qui était juste au-dessus de la sienne. Cet écho saccadé la frappait comme un marteau.

Une nuit, elle crut le voir qui se tenait au pied de son lit, couvert de sang. Elle se leva et défaillit. Sur le bord, à présent, gisait un squelette blanc, poli jusqu'à l'os, brillant comme du lait. En s'approchant pour le toucher, elle s'aperçut que c'était sa robe qui, arrangée avec la couverture, figurait cette apparition morbide.

Une autre nuit, son manteau carré, qu'elle avait étourdiment posé sur le bord du lit, emprunta le temps d'un rayon de lune l'aspect funèbre d'un cercueil. Elle se souvint que de semblables fantasmagories avaient émaillé les noces de Maurice.

Le démon des solitaires

V

Ce matin-là, Caroline avait accepté de laisser Eugénie avec le malade mais, cédant la place, elle avait pointé sur sa belle-sœur ses yeux bleus pareils à deux aiguilles puis, après avoir embrassé son mari sur la bouche par une espèce de provocation de possession, elle était sortie dans un grand froissement d'étoffe après avoir embrassé son mari sur le front.

Les forces de Maurice lui revenaient peu à peu. Peu bavard, à l'ordinaire, il ne parlait presque plus et salivait beaucoup d'écume mêlée de sang, les doigts serrés sur un mouchoir de batiste que l'on devait changer sans cesse.

Dès qu'ils se retrouvèrent seuls, Eugénie ne put se retenir de lui faire la leçon. Elle s'écria en prenant ses mains entre les siennes :

- Pauvre petite Caro, elle ignore combien nous pourrions être d'accord en prenant chacune en toi la part d'affection qui lui revient. Mais elle te veut à elle, rien qu'à elle, tout à elle ! Les témoignages de ma tendresse pour toi lui paraissent dérobés à ses droits. C'est ce qui t'explique mes rares visites dans ta chambre, le peu de mots que je t'adresse et le peu de soin que j'ai l'air de prendre de toi devant elle. Cet abandon, ce sacrifice de ce que j'aime le mieux au monde, je les accepte pour ne pas la faire souffrir et pour me ménager son affection à venir. Un jour, peut-être saura-t-elle comprendre et voir en moi seulement une sœur passionnément attachée à son frère. A présent, je ne suis qu'une femme qui t'aime. Je n'ose pas bouger. J'attends que cela passe. Tout passe, même la jalousie finit par se lasser. Je ne sais pas quand mais j'espère que Caro me permettra de t'aimer. Ce n'est pas toi que je plains, toi malade, souffrant dans l'âme de tant de pointes extérieures et n'ayant pas pour t'aider la pratique de la foi. Mon ami, pourquoi es-tu si indifférent à la vie chrétienne, pourquoi négliges-tu une chose si essentielle ? Cela me fait souffrir aussi. C'est une grande source de peines pour moi que de redouter que ton âme se perde, éloignée du ciel qui lui est préparé. Remarque bien que je parle de toi à Dieu plus souvent que je ne te parle de Lui puisque tu restes obstinément sourd à mes prières.

*

L'hiver 1838 était particulièrement doux. Eugénie sortait beaucoup. Tous les jeudis d'abord, puis tous les deux jours ensuite, elle se rendait chez Henriette qui la retenait à dîner ou l'emmenait avec elle en voiture visiter les fournisseurs. Dans la maison du Cherche-Midi, elle croisait des amis de Maurice ou des parents de Caroline qu'elle ne connaissait pas. Elle se sentait de plus en plus étrangère et inutile, ne sachant même plus où se réfugier pour continuer à tenir son *Journal* ou écrire ses lettres puisque Charles, le jeune frère de Caroline, étant revenu de pension, on la faisait coucher dans un boudoir que traversaient les domestiques. Elle entendait durant des heures crisser l'archet de cet apprenti violoneux dont les cavatines lui donnaient la migraine.

Le démon des solitaires

L'atmosphère était si désespérante qu'elle avait été plusieurs fois sur le point d'annoncer son retour au Cayla mais un scrupule l'arrêtait : son absence livrerait Maurice à ces femmes, l'épouse aimante jusqu'à la déraison, la tante agrippée aux failles du contrat de mariage, avide de disputer à ce neveu crachant ses poumons la plus petite parcelle de souveraineté sur l'empire des Gervain.

*

Elle finit toutefois par céder à l'invitation pressante d'Henriette de Maistre de la rejoindre à Nevers, chez ses parents, M. et Mme de Sainte-Marie. C'était une manière honorable de prendre congé sans être humiliée.

Mais là-bas, dans le petit hôtel particulier de la rue du Sort, au nom prédestiné, la pensée de Maurice ne la quitta pas. Son *Journal* devint le feuilleton plaintif des souffrances imaginées de son frère, un livre de douleur plus qu'un livre de raison.

Le démon des solitaires

Elle lui écrivait des lettres mâtinées de patois et tissées de silences, pareilles à des dentelles à jours. Elle se morfondait de ne plus le voir. Jamais il ne lui avait tant manqué, jamais non plus elle n'avait eu à ce point le sentiment qu'il lui échappait.

Dès leurs premières années, elle s'était postée en sentinelle de son repos. Même de loin, elle l'avait veillé. Au séminaire de l'Esquille, à Toulouse, d'abord. Puis au collège Stanislas, à Paris. A la Chênaie chez Lamennais, cet abbé de l'abîme, au Val de l'Arguenon, dans la gentilhommière du triste Hippolyte de la Morvonnais, hantée par Marie, la « Vierge à l'enfant. » Enfin, rue du Cherche-Midi, si douloureusement…

Toujours, partout, elle l'avait suivi. Et lui, sous ce joug d'amour, avait quelquefois ressenti de l'humeur. C'est peut-être pour cela, à cause de ses remontrances inquiètes, qu'il s'était peu à peu éloigné de la foi.

Le démon des solitaires

VI

23 mai 1839. Le jour brille d'une lueur sinistre et Maurice l'imite à son corps défendant. Il est deux heures de l'après-midi. Depuis que l'aube l'a tiré du sommeil, il n'a pas cessé de souffrir. Son humeur s'aigrit au gré des sautes de la chaleur. La lumière opaque et tranchante ne lui procure aucun répit et, même, rideaux tirés, elle n'en continue pas moins son travail de sape. La seule chose au monde qui pourrait le rassurer serait l'ombrage d'un chêne du Cayla ou la vue de son petit amandier. Au lieu de cela, il doit subir les mille et un accidents d'un quotidien désespérant.

Il ne tient pas en place et fait les cent pas du lit à la porte dans sa petite chambre parée de riches brocarts. De temps en temps, il se jette à sa table de travail mais, après quelques mots jetés sur le papier, sa plume s'affaisse entre ses doigts gonflés et il la laisse retomber, éclaboussant la page blanche d'une traînée d'encre inutile. A quoi bon s'obstiner à composer une œuvre, à vouloir laisser une trace ? Celle qu'il vient d'éparpiller en gouttelettes n'est-elle pas la preuve de son incapacité à écrire ? Il a beau traquer l'expression juste, celle-ci se dérobe à sa prise et il ne reste à la fin qu'un enchevêtrement de lignes bâclées.

Ce n'est pas la bonne volonté qui lui manque mais plutôt l'énergie de guetter la surprise, de renouveler son troupeau de vocables, de mettre de l'imprévu dans des tournure usées, d'animer un style naturellement vague et languissant par des pointes piquantes comme du piment rouge sous la langue, de l'illustrer d'images venues des franges du réel, sans que ces marques originales nuisent à l'harmonie de l'ensemble.

Lentement, l'aile de la stérilité était passée sur son esprit, corrompu. Il se figurait en ermite de glace, paralysé, infirme. Il se voyait exclu de la communion naturelle comme de la communion sociale, son imagination circonscrite à quelques paysages hors d'âge, toujours les mêmes, à des escarpements de rocs, à des effets tremblants d'horizon. Il était devenu le gardien somnambule d'un château en ruines. La poésie s'était retirée de lui. Il entendait sa voix au loin, faible et presque éteinte.

Il ne barrait pourtant le chemin de personne et rien ne dépendait de lui. Il n'avait pas d'ennemis. C'était lui, le coupable de son état. Il ne cessait de dresser des obstacles imaginaires, de se lancer des défis impossibles à relever. Tant qu'il avait cru posséder quelque pouvoir sur les mots, il s'était senti investi d'une puissance dont son enfance au Cayla lui avait donné l'éveil. Il avait toujours eu faim davantage de philosophie que d'amour, car l'amour était trop vague, trop incertain, trop agité de caprices, pour soutenir son être.

Depuis qu'il avait cessé d'aller dans le monde, Eugénie le harcelait de discours qu'il ne lisait plus qu'à moitié tant il était mal en point. Il avait l'impression qu'elle ne voyait plus en lui qu'une âme désincarnée et qu'elle ne pourrait l'aimer de nouveau que lorsqu'il ne serait plus.

Tenaillé depuis longtemps par la tentation de mettre au feu tout ce qu'il avait écrit, il avait fini par jeter dans la cheminée de marbre de sa chambre des liasses de poésies et de réflexions diverses, oubliant que Trébutien, Barbey, Louise de Bayne, Hippolyte de la Morvonnais ou François de Marzan en détenaient plusieurs et, surtout, qu'un jeune employé aux Assurances *Le Soleil,* Auguste Chopin, homonyme de l'illustre amant de George Sand, gardait dans un coffre comme des trésors sacrés des copies de ses grands poèmes qui devaient aussi échapper à cet autodafé. Il avait fait de Maurice son dieu, son modèle inaccessible, et ses amis éditeront après sa mort un mince recueil de ses propres vers, pâles copies de ceux de Maurice, râlés au coin de l'âtre.

*

Et si tout était défait à présent, sans remède ? Et si tout était déjà écrit de sa mort et de l'oubli qui la suivrait ?

« Je dois tout à la poésie. J'ai commencé par elle et je finirai par elle. Comme Orphée, mon modèle et mon maître d'enfance, les Ménades me guettent. Je dois faire vite et me montrer à la hauteur du sacrifice qui m'attend. En attendant, je dois chanter à mon vrai diapason. Ainsi, j'ajouterai une rime riche à mon pauvre destin. »

Il se redressa tant bien que mal en criant. La porte s'ouvrit à deux battants et un frôlement de soie annonça Caroline :

- Mon chéri, qu'avez-vous, vous semblez effrayé ?

Elle s'assit près de lui, réunissant ses robes autour d'elle comme les corolles d'une fleur. De son île d'origine, Batavia, elle avait gardé un accent qui donnait à ses paroles un écho de lointain délicieux où il aimait se perdre comme dans un dédale exotique :

Le démon des solitaires

- Mon aimé, je suis sûre que la santé vous reviendra bientôt. Alors, nous aurons de nouveau nos dîners en tête à tête et, l'été prochain, nous irons marcher sur les bords de la Seine comme au début de notre mariage.

*

Le grand romantique allemand Novalis, qui se pensa toujours comme un « enfant de l'air », avait un jour appelé « racines » ses poumons atteints par la phtisie. Les racines de Maurice étaient atteintes irrémédiablement. Il venait de passer huit mois terribles, incapable d'écrire. Davantage que le mal qui secouait sa chair en de longues expectorations sanglantes, en des toux frénétiques qui lui fouaillaient la poitrine, il redoutait les secousses de son esprit et l'abêtissement par la douleur.

Pourtant, il se berçait parfois de l'illusion d'un nouvel essor, d'un sursis. Il vivait dans son lit, où il avait le sentiment de se situer « au-delà ».

. La position allongée faisait moins souffrir son corps désaccordé et les rideaux tirés du baldaquin, en formant un berceau de pénombre, augmentaient sa concentration morale.

Avait-il jamais vraiment aimé Louise, Marie et Henriette ? Et s'il chérissait Eugénie, ne la craignait-il pas aussi comme il n'avait jamais craint personne ? Les stratégies d'alcôve l'avaient toujours ennuyé. Barbey se vantait d'en connaître si bien les détours qu'il s'était improvisé pour lui « professeur de désir ». Son ami possédait un avantage. Ses errements sentimentaux, il pouvait les avouer, s'en féliciter souvent, s'en attrister parfois. Ses souffrances restaient dans l'ordre de l'humain. Il lui était loisible d'en parler, de se confier, de se faire plaindre. En revanche, Maurice devait taire ce qui le bouleversait car ses monstrueuses confidences l'auraient jeté en pâture aux moralisateurs de tous bords. Cela, seul Jules l'avait deviné. Eugénie aussi, peut-être, avec une horreur qu'elle avait changée en pitié comme de l'or en plomb, endurant le martyre d'un éternel célibat pour le sauver.

Son cœur était déjà mort, prêt à pourrir tel un fruit abandonné. Oui, peut-être était-il incapable d'aimer. S'il avait admis, comme Jules l'en suppliait, les incroyables atouts dont il disposait : sa beauté, son charme, son talent, il aurait continué d'écrire ce poème qu'il voulait consacrer à *L'Hermaphrodite*, mixte du *Centaure* et de *La Bacchante*, aveu de sa double nature, proche de celle de Barbey avec d'autres détours. S'il n'était pas évidemment viril comme lui, il n'était pas efféminé non plus. Il appartenait à la race élue des archanges et, tout en se révoltant contre sa condition, il finissait toujours par s'y soumettre. Se souvenant de l'enfant de Marie et d'Hippolyte, il rêvait d'avoir une petite fille. Au Val, avant de monter se coucher, la petite Elisabeth lui caressait la joue en lui chantonnant : « Bonne nuit, oncle Maurice » sous le regard bienveillant de sa mère.

A l'amour ardent de Caroline il ne pouvait rendre qu'une amitié fraternelle. Il s'obligeait quand même, s'il la voyait triste, à la contenter par des regards et des phrases. Alors, il s'illusionnait sur ses battements des mains, sur ses alanguissements de chatte entre ses bras raidis. Pour le reste, il était bien obligé de constater, enfoui dans le serre chaude de sa chambre, que leur couple désaccordé reposait sur du sable.

Épilogue

Le démon des solitaires

I

Le 8 juillet 1839, vingt jours après le départ de Paris, vers six heures du soir, Maurice arriva en vue du Cayla, terre promise du repos. Durant tout cet exténuant périple, Il avait été tourmenté par la peur de ne pas l'atteindre. Maintenant la voiture longeait la Vère qui serpentait en scintillant dans l'encaissement de la vallée et il ne quittait pas la rivière des yeux, suivant le lent mouvement de l'eau comme pour s'obliger à la même patience.

Puis ce fut la traversée de Cahuzac, l'église blanche au clocher ajouré. Alors il soupira quelques mots de regret de ne pouvoir s'y arrêter. Il aurait aimé voir une dernière fois saint Michel terrassant le dragon dans sa cuirasse d'or. Il l'aurait prié de le faire entrer sans violence dans cette nuit de la mort qui brille peut-être davantage que le plus beau jour de l'été.

Le démon des solitaires

Les rues étaient si étroites que deux voitures n'y passaient pas de front. Les pavés saillaient, inégaux et grossiers. L'hiver, ils retenaient la pluie dans leurs ornières et le vent, tournoyant entre les maisons bâties de bric et de broc aux façades misérables dont la peinture s'écaillait, sifflait comme la lanière du fouet qui s'abattait en ce moment sur les croupes fumantes des chevaux accouplés deux à deux.

La voiture suivait de nouveau le cours de la rivière. Maurice écoutait la Vère s'ébattre au fond de la vallée avec des clapotis sonores qui évoquaient les jeux rieurs d'une jeune déesse. A droite, c'étaient les anciens fiefs des seigneurs de Cahuzac : le château des Verdun, liés aux Guérin, celui des Roquefeuil, pareils aux ruines glorieuses que Walter Scott a dépeintes dans ses romans de chevalerie. A gauche, sur une colline verdoyante, trônait le château des Lapeyre, les premiers propriétaires du Cayla.

Quand Eugénie le toucha à l'épaule, elle l'entendit réprimer un bref sanglot, ou ce qu'elle prit pour tel. Elle trembla de songer que pendant un moment il lui était entièrement livré. Elle ne pouvait pas s'empêcher de se sentir coupable de profiter ainsi de son mal pour l'accompagner, contre sa volonté peut-être, sur la voie du salut.

- Courage, nous approchons ! lui dit-elle d'une voix qui s'étranglait.

Maurice se tourna vers elle, délaissant la splendeur escarpée de ce paysage où il avait inscrit ses grands poèmes. Il murmura : « L'enfance de l'amour » et, lui prenant la main, il ne la lâcha plus jusqu'au moment où il vit la tour du Cayla trouer le ciel.

*

Au terme d'une agonie de onze jours dont Eugénie consigna pieusement le récit, il mourut dans le lit-bateau dont le matelas, rempli de feuilles de tabac, garde encore aujourd'hui l'empreinte de son embarquement paisible pour le mystère.

Le démon des solitaires

Après les funérailles, Caroline retourna en Inde et devint la respectable épouse d'un conseiller au consulat de Madras, courtaud, chauve et ventru, auprès de qui elle connut une paix des sens qu'elle prit pour le bonheur.

Il lui fit six enfants en dix ans. Quelquefois, toujours durant ses grossesses qu'elle passait la plupart du temps allongée dans la véranda, lui revenait l'image de son poète du Cayla, si beau et si souffrant.

Leurs noces de neuf mois avaient engendré ce fantôme d'amour, de plus en plus lointain à présent, mais qu'elle se rappelait par éclairs comme dans un merveilleux orage.

*

Malgré son chagrin infini ou grâce lui, Eugénie continua son *Journal* à l'intention de « Maurice au ciel » et de Barbey d'Aurevilly sur terre.

Le démon des solitaires

Ses plus belles pages allaient être écrites alors comme s'il avait fallu la mort de ce frère trop aimé pour que cette vieille fille, sèche, âpre et mystique, devienne un grand écrivain. Jules avait accepté de s'occuper des manuscrits du disparu. Eugénie réunit patiemment tout ce qu'elle possédait et se saisit de cette occasion pour reprendre langue avec Louise de Bayne qui gardait peut-être par devers elle quelques poésies de son ancien amoureux.

Louise éluda poliment la requête. Elle s'apprêtait à partir pour Blida avec son mari, Max de Tonnac, parent des dames chez lesquelles elles s'étaient rencontrées. Il s'était établi là-bas comme beaucoup de jeunes gens de Gaillac et y exerçait la charge de juge d'instruction. Très amoureuse de son magistrat et oublieuse de son ancien soupirant, la jeune femme avait hâte d'échanger les froidures de Rayssac contre les ardeurs du climat algérien.

II

Au Cayla, Eugénie se sentait protégée de Barbey, le séducteur redouté qu'elle prenait soin de toujours traiter en frère, en « double », de Maurice, pour éloigner les dangers de la tentation amoureuse.

Cela suffirait-il à le rendre inoffensif, à l'exclure de ses rêveries maritales, à endiguer l'afflux des pensées inavouables ? Elle croyait avoir de quoi se rassurer. Elle était déjà vieille et avait acquis, à force de renoncements, une sagesse contrainte qui avait renforcé son mépris pour la chair.

Comme Maurice autrefois, Jules était une âme à sauver. Elle avait deviné sa soif d'absolu, ses désespoirs masqués par un dandysme à la Byron, ce Lord ténébreux dont il prétendait connaître par cœur toute l'œuvre en anglais. Ces poses avantageuses ne lui en imposaient pas. Elle y voyait des aveux de faiblesse, le masque qu'un enfant triste arbore pour se grandir.

Elle lui écrivait : « Oh, la foi ne vous manque pas, sans doute, mais avez-vous une foi consolante, la foi pieuse ? Ne pensant que trop que vous ne l'avez pas, je me prends à vous plaindre amèrement. »

Autrefois, par sa patience et ses prières, elle avait ambitionné d'interrompre le carnaval mondain auquel il se livrait avec Maurice, en le traînant au cirque pour admirer les manèges équestres de quelques amazones délurées, cornaquées par des Silènes obscènes et ventrus. Des divertissements stériles auxquels les deux compères s'abandonnaient puérilement comme au temps du collège. Maintenant, elle espérait le ramener dans les chemins de la piété comme elle pensait l'avoir réussi *in extremis* avec son frère.

Mais Jules était radicalement différent. Maurice paraissait souffrir d'avoir un corps tandis que le sagittaire affirmait fièrement la prestance du sien, bréchet en avant, taille cambrée, prenant à son piège ses auditeurs - ses auditrices surtout - qui se pressaient autour de lui pour l'entendre dans les salons à la mode. Il l'avait touchée, elle aussi, jusque dans la chaste retraite de ses nuits mais, durant la journée, elle recouvrait son calme grâce à la rigueur conventuelle des heures et des travaux. Elle regardait autour d'elle cet univers minuscule en n'en laissant rien perdre. Pas un chant d'oiseau. Pas un frémissement d'arbre.

*

En notant dans son *Journal*, comme elle l'avait fait pour Maurice, les cent petits faits vrais de sa vie quotidienne, les itinéraires de ses menus voyages, les impressions qu'elle retirait des livres qui éclairaient sa tristesse, n'essayait-elle pas de mettre l'ami de son frère dans sa confidence pour le rallier sans risque et s'en faire un familier ?

Pour museler la menace, elle opérait mentalement la superposition du visage d'ange primitif de Maurice par les traits impérieux du diable romantique. Elle prétendait se faire voir de lui jusqu'au fond de son être. Ne se glissait-il pas, dans cette expression tombée sans malice de sa plume, une ambiguïté qui leur donnait un écho de trouble et de confusion ?

Cela n'avait sûrement pas échappé à un esprit aussi sagace que celui de Barbey. Quand elle le pressa d'unir leurs âmes dans une amitié sainte comme celle de Jeanne de Chantal et de François de Sales, il lui répondit sèchement « qu'il ne priait pas Dieu ! » Mais cette fin de non recevoir encouragea l'intrépide Eugénie à lui gagner le Paradis malgré lui.

*

Barbey d'Aurevilly l'attendait sur le quai de l'octroi. Quand elle le vit, elle se sentit comme la première fois frappée au cœur telle sa sainte d'élection, Thérèse d'Avila, lorsque l'ange sculpté par le Bernin lui décoche sa flèche. Elle se hâta vers lui qui, aussitôt, prit son bagage et l'entraîna vers un fiacre. Comme elle, Paris portait le deuil. Tout lui parut, cette fois, sombre et laid, étroit et souffreteux, les rues, les maisons, les vitrines, les arbres, la foule, le ciel trop bas, sans perspectives.

Barbey lui dit qu'il l'invitait à déjeuner pour parler de l'édition des textes de Maurice, l'œuvre pie qui conduisait Eugénie à Paris. Il l'emmena dans un restaurant de poissons du Faubourg Saint Germain et, pendant tout le début de leur tête-à-tête, il n'aligna que des bagatelles, mêlant cruautés et bons mots sur l'espèce littéraire. Elle s'impatientait de ses poses de connétable et sentait, dans la mallette posée par terre contre sa jambe tremblante, les manuscrits de son frère la brûler. Barbey pérorait. Ses joues passaient au rouge cramoisi sous l'effarant taillis de sa crinière puisque pour masquer la chute de ses fins cheveux couleur de tabac, il les ébouriffait savamment autour de son crâne en un nuage énorme.

Eugénie s'engourdissait, bercée par le vin blanc et par la faconde du dandy à la verve intarissable dont flamboiements verbaux se teintaient, à certains détours de phrases, d'un désespoir déconcertant. Ce ne fut qu'à l'instant des sorbets que le futur connétable des Lettres françaises en vint au fait. Selon l'angle de la lumière, ses gros yeux à fleur de tête paressaient tantôt bleus et tantôt noirs et, quand il les posa enfin sur elle, ils ressemblèrent à ceux d'un chat sur le qui-vive.

- Passez-moi le bébé ! dit-il d'un ton brusquement vulgaire, grasseyant, allongeant les syllabes comme s'il voulait les envelopper dans des langes.

Docilement, elle extirpa de sa sacoche les feuilles classées, cousues ensemble, et les lui tendit. Il les soupesa avec le sérieux d'un paysan, estimant sa récolte, les huma de ses larges narines puis les effleura de ses moustaches de mousquetaire.

III

Le premier soir, de la fenêtre de la chambre de l'hôtel dans lequel elle était descendue, à côté de la Place des Victoires, elle aperçut quelqu'un qui lisait derrière le rideau dans un appartement situé de l'autre côté de la rue. Elle ne voyait que le livre inconnu et une main pâle tournant les pages. Elle s'endormit en se berçant de cette vision comme si Maurice lui avait adressé un signe depuis l'autre monde.

Les Tuileries étaient proches, le printemps aussi. Les lilas, les oeillets et les jonquilles resplendissaient. Un parfum entêtant de résurrection flottait dans l'air et on aurait dit que tous les oiseaux de Paris s'accordaient pour chanter ensemble.

Son amitié pour Barbey se raffermissait de jour en jour, même si elle était choquée par son intransigeance, par son anarchisme mondain et par son scepticisme radical envers l'amour comme envers de la religion. Cela la désolait mais la troublait aussi comme le reflet dansant de ce feu intérieur qui la poussait vers les errants et les pécheurs.

*

Henriette de Maistre organisa une petite fête en son honneur.

Sous les lustres, la paysanne empruntée fit place à une créature toute neuve qui rayonnait, vêtue de la robe de mariage de sa mère.

Un baladin couleur de muraille se précipita pour lui faire la cour ; son accent rocailleux conférait à ses déclarations d'amour un comique si irrésistible qu'Eugénie laissa percer dans un roucoulement moqueur.

Pendant toute la soirée, Barbey se tint loin d'elle comme s'il la craignait. Il semblait être la proie d'une torture atroce et elle en éprouva une pitié d'ordre spirituel, certaine à présent que cette âme souffrante était en danger.

Elle devait faire vite pour lui venir en aide car le moment de rentrer au Cayla approchait. Elle avait rempli avec succès sa mission, surmontant les réticences de Barbey venues d'une jalousie secrète de dernier moment.

Il avait toutefois fini par donner son assentiment final quand George Sand, qui en termes d'influence le supplantait, avait présenté dans *La Revue des Deux Mondes* celui qu'elle nommait par lapsus « Georges de Guérin », établissant de la sorte entre elle et lui une sorte de filiation. Le propre fils de la romancière portait ce prénom que Maurice avait choisi dans un premier temps pour signer ses textes. Et il n'est pas exagéré de songer que Maurice de Guérin, vivant, aurait été ému que l'auteure de Lélia, comme la plus talentueuse de toutes ses mères-femmes, se soit penchée sur cette première édition de ses œuvres.

Eugénie exultait. Son cher enfant était lancé. Il ne lui restait plus qu'à ramener Barbey dans la voie du salut.

Le démon des solitaires

Il était tard quand elle surgit dans son bureau où elle savait qu'insomniaque, il lui arrivait de s'échiner sur une phrase jusqu'à l'aube comme sur une femme.

Il ne parut pas surpris et lui lança, presque joyeux de cette irruption :

- Allons, chère Eugénie, arrêtez de me faire ces yeux - là ! Si je vous avais en ce moment au coin du feu, je vous raconterais des histoires à vous tenir éveillée durant trois nuits mais, comme il est tard et que j'ai du travail, je vais aller droit au but. Moi l'homme aux multiples succès féminins, je n'ai connu dans toute ma vie qu'une seule passion, une amitié devenue plus vibrante qu'un amour. Ai-je besoin de vous dire son nom ? C'était ce qui me fascinait chez vous, à distance. Mais depuis que vous êtes là, vous m'êtes une énigme, vous m'échappez sans cesse, vous me glissez entre les doigts comme une anguille. Je dois, quoi qu'il m'en coûte, admettre l'évidence. Votre dévotion pour Maurice ne pourra jamais me le rendre, même si nous vivions ensemble jusqu'au jugement dernier. Vous ne serez jamais que l'ombre de celui que j'ai fui dans tant d'abîmes de votre sexe. Alors, que ferais-je de vous, dites-le-moi ? Partez, je vous en conjure, partez dès demain, à la première heure !

*

Comme sous un coup de poignard, les lèvres d'Eugénie se tordirent dans un rictus et aucun mot ne parvint à les franchir. Abasourdie, elle regagna sa chambre avec la discrétion feutrée d'un spectre. Elle se sentait victime d'une double trahison, celle de Maurice, mort si près et si loin d'elle, et de Barbey qui l'avait congédiée comme une domestique. Tout avait été ruiné en quelques mots. Muette et résignée, elle irait grelotter au Cayla le reste de sa vie.

Elle y retourna donc, plus seule que jamais, inconsolable de s'être montrée au-dessous d'elle-même, ravalée à un rang qui lui faisait horreur, celui d'aimer sans retour, de crier dans le désert, de prier devant des feux éteints.

Jamais plus elle ne devait recevoir le moindre signe de la part de cet homme diabolique qu'elle s'était donnée pour mission de sauver.

Plus tard, toute honte bue, elle songea aux partis qu'elle avait refusés au sortir de l'enfance parce que le mariage l'aurait fatalement détournée de son frère et que cette perspective la mettait au supplice.

Comme elle le faisait petite fille, laissant retomber son miroir, elle s'interrogea: « Jules m'aurait-il aimée si j'avais été belle ? »

Puis elle se dit dans un soupir qu'il valait mieux avoir une belle âme qu'un visage avenant.

*

Dans une lettre à son ami Trébutien, Barbey d'Aurevilly appellera « la bataille des trois dames » cet épisode parisien qui l'avait vu tenir le rôle de Pâris sommé de choisir entre les trois Grâces.

Eugénie le retenait par sa beauté cachée de laide, par le sensuel mystère de ses yeux battus au gré de courants intérieurs dont il soupçonnait la violence avec la curiosité gourmande d'un libertin face à une vierge pieuse.

Henriette de Maistre l'interpellait par le souvenir de la liaison qu'elle avait entretenue avec Maurice.

De la troisième luronne, la baronne Amédée de Maistre, belle-sœur d'Henriette, il fut assez sérieusement mordu, car elle était de la même espèce que lui. Elle l'avait reçu un jour vêtue seulement d'un képi de velours rouge à gland d'or et, craignant de perdre à ce *strip poker* ce qui lui restait encore de dignité, il avait pris ses jambes à son cou.

Le démon des solitaires

IV

Au Cayla, Eugénie allait voir tous les jours les rosiers, la treille, la fontaine et, bien sûr, en contrebas de la terrasse le petit amandier au pied duquel Maurice enfant délassait ses pieds nus. Puis elle étendait le regard jusqu'aux grands champs de blé, de maïs et de lin, parcourant les chemins qu'il empruntait le soir avec son chien Trilby pour escorte. Elle se penchait sur ces reliefs de mousse qui lui servaient de coussin, elle revivait leurs escapades vers la ruine voisine dont la tour ressemblait à un géant mélancolique.

Maurice était partout présent dans ce paysage de leur jeunesse heureuse. Partout, il avait laissé pour elle une trace, un parfum. Mais ce qui la touchait, l'étonnait plus encore, c'était l'immense harmonie qui s'exhalait des bois, des prés, des ruisseaux, des collines et des monts, des nuages bleus où logent les songes des vivants et les chansons des morts, ces sanctuaires remplis de secrets et de larmes dont elle s'abreuvait en priant sous la pluie.

Ce concert de la nature en délire, si beau, si grand, c'était le sien quand il chantait ici, le divin musicien, et qu'elle l'écoutait, oubliant tout auprès de sa douceur.

Mais la douleur n'en finissait pas et les échos de la célébrité naissante de Maurice ne la consolaient pas, bien au contraire. Elle souffrait qu'on le décrive exposé au doute et qu'on le dise mort en païen. Elle se révoltait contre ceux qui ne croyaient pas à sa fin édifiante. Sa bouche assoiffée réclamant la croix, ne l'avait-elle pas vue de tous ses yeux malgré les pleurs qui les noyaient ? N'avait-elle pas vu flamboyer à son dernier moment sa croyance d'enfance et après quelle vraie gloire il soupirait ? Sans le ciel, à quoi sert l'avenir ? Oh, maintenant sans doute, il rayonnait là-haut en esprit, son poète, semblable aux anges, telle une étoile mise au faîte du diadème divin.

*

Le démon des solitaires

Un orage d'été interrompit son rêve et, pendant que les éclairs rugissaient, un rossignol se mit à chanter à l'abri d'une feuille comme s'il luttait avec la foudre.

Les coups de tonnerre et les coups de gosier formaient un délicieux contraste qu'elle écouta jusqu'au bout, appuyée à sa fenêtre, jouissant de ce menu miracle dans le vacarme ambiant.

Ce gentil rossignol, n'était-ce pas l'âme de Maurice qui lui avait fait signe avant de regagner le ciel ? Et ces trilles sublimes, capables de résister au bruit et de le dominer, n'évoquaient-ils pas ses chants à lui, longtemps laissés en jachère avant qu'ils ne résonnent à présent dans tout leur cristal ? *Le Centaure*, *La Bacchante* et tant de vers qu'elle avait gardés, appris par cœur et récités dans le vert théâtre des bois, ses lettres, remplies d'aperçus charmants et de fines analyses, ce journal d'une âme jumelle de la sienne, cet héritage sacré, trésor du souvenir.

Le démon des solitaires

Comment l'imaginer mortel, cet être rare, qui dans un monde fangeux, la faisait croire aux anges et à une autre vie ? Que lui restait-il aujourd'hui de ce frère chéri, sinon ces mots brûlants et une éternelle cendre à pleurer ?

Alors, elle écrivit d'un trait, n'ayant pas dormi une minute durant une nouvelle longue nuit qui s'achevait :

« Tant que les ruisseaux couleront, tant que dans les cyprès funèbres, les vents d'automne gémiront, tant que les cloches sonneront le glas des morts dans les ténèbres, il est des yeux qui pleureront, il est une douleur profonde, des regrets, un deuil fraternel qui dureront plus que le monde car je les prendrai dans le ciel. Rien n'est capable sur la terre de consoler si grand malheur ! Oh ! la perte d'un si doux frère me rend inconsolable sœur. Qui ne l'a vu ne sait les charmes que mon cœur goûtait dans le sien, la douceur de son entretien, ces regards où venaient des larmes quand il en venait dans le mien ! »

Le démon des solitaires

*

Au commencement de l'année 1846, une lettre de la comtesse Pulchérie de Bayne lui apprit la mort de Louise à Blida. Epuisée par le climat et par deux fausses couches successives, elle s'apprêtait à revenir en France quand une fièvre l'avait emportée en quelques heures.

Eugénie ne l'avait pas vue depuis longtemps et elles avaient cessé de correspondre depuis son départ en Algérie, trois ans plus tôt. Elle se retira dans sa chambrette pour lire et relire la centaine de lettres qu'elle gardait dans un coffret comme des bijoux d'amitié éternelle. Voilà qu'après Maurice, sa petite fleur des montagnes, elle aussi, lui était arrachée !

Elle resta plusieurs jours incapable de répondre à Pulchérie mais quand elle prit la plume, tout ce qu'elle put écrire à la fin de ses condoléances, ce furent ces mots qui tissaient entre elles une symétrie de deuil : « Vous avez votre sœur où j'ai mon frère. Adieu donc dans la prière pour les morts»

Le démon des solitaires

V

Dans les derniers jours de sa vie, au printemps 1848, Eugénie passait de longues heures sur la terrasse du Cayla. Elle regardait l'horizon familier, assise près de son père qui ne bougeait plus et qui lui racontait ses souvenirs d'Italie en les enjolivant.

Elle cherchait plus que jamais à deviner les contours de la terre promise, pensant qu'elle se trouvait forcément au-delà de l'horizon.

Son âme romanesque guettait l'heure inconnue et si proche. Elle ne faisait jamais attendre les paysans et les enfants. Ceux-là surtout la consolaient et, depuis son fauteuil d'osier, elle s'enchantait de les voir jouer près d'elle comme elle-même l'avait fait aux pieds de sa mère mourante.

Table

Achevé d'imprimer en janvier 2019
Pour le compte de Z4 Editions

www.ingramcontent.com/pod-product-compliance
Lightning Source LLC
Chambersburg PA
CBHW030913090426
42737CB00007B/174